10代に語る平成史

後藤謙次

岩波ジュニア新書 878

目次

目　次

序

すべては平成元年から始まった

新元号を発表する小渕恵三官房長官 ©共同

平成の始まり

この教室に出席している学生は全員が平成生まれだと思います。その平成の時代も２０１９年４月30日で終わりを告げ、２０１９年の5月1日をもって次の時代は「令和」に決まりました。皆さんは自分たちが生まれ育った平成はどんな時代だったのか、どの程度知っていますか。私は昭和24（１９４９）年に生まれましたが、昭和についてすべてを知っているわけではありません。記憶に残っているのは昭和30（１９５５）年以降のころからです。

皆さんは温故知新という言葉を学校で習ったと思います。今を知るには過去のことを知らなければなりません。そこで皆さんが生まれ育った平成はどんな時代だったのか、これから一緒に学んでいきたいと思います。本書を読み終えた後、皆さんの頭の中に平成という時代が立体的に描けるようになることを目標にします。

平成の時代は１９８９年1月8日から始まりました。その前日の1月7日午前6時33分、昭和天皇がご逝去されたからです。その日のことは今もはっきりと覚えています。私は共同通信社の政治部で首相官邸記者クラブに配属され、当時の小《お》渕《ぶち》恵三《けいぞう》官房長官を担当していました。午前5時過ぎだったと思います。先輩記者から緊急連絡がありました。

「髙木顕《たかぎあきら》侍医長が、お嬢さんが運転する車で皇居に向かった。君も至急官邸に来てくれ」

両陛下には普段から24時間体制でご健康を管理する医師団がおり、そのトップが侍医長です。昭和天皇は87年9月に歴代天皇では初めて外科手術を受けられ、一時は健康を取り戻されておられましたが、翌88年9月19日深夜、お住まいの皇居吹上御所《ふきあげごしょ》の寝室で吐血《とけつ》され再び闘病生活に入られることになりました。髙木侍医長は不眠不休で昭和天皇の治療に当たっていました。

しかし、ご高齢ということもあって日を追うごとに体力は衰えていきます。日本中が一日も早いご快癒《かいゆ》を願うのは自然のことでしたが、徐々に行き過ぎた「自粛ムード」が日本全体を覆いました。今から思えば信じられないことですが、デパートのバーゲンセールや町内会の運動会までもが中止になりました。天皇陛下が２０１６年8月8日のビデオメッセージで「退位」のお気持ちを強くにじませましたが、そのお言葉の中でも「退位」の決断に昭和天皇の闘病が強く影響したことを窺《うかが》わせています。陛下はこう述べられました。

「天皇が健康を損ない、深刻な状態に立ち至った場合、これまでにも見られたように、社会が停滞し、国民の暮らしにも様々な影響が及ぶことが懸念《けねん》されます」

天皇陛下が「これまでにも見られたように」と指摘されているのが、昭和天皇の最晩年を指すことは言うまでもありません。

話を昭和天皇のご病気に戻します。昭和天皇のご容態急変は吐血されてから111日目でした。先輩記者から呼び出しの電話を受けて首相官邸に向かいながら深い感慨が湧《わ》いてきたのを今も思い出します。

「いよいよ昭和が終わるんだ」

そして首相官邸記者クラブに入ると、すでに小渕官房長官が官邸に到着していました。その後、ご逝去の報が入り、午前7時55分、官房長官と宮内庁長官が同時に記者会見を行い、「天皇ご逝去」が発表されました。死亡時刻は1月7日午前6時33分。病名は「十二指腸乳頭周《にゅうとうしゅう》囲腫瘍《いしゅよう》」。87年8カ月のご生涯で歴代天皇の中でも最高齢、在位期間も最長でした。

昭和から平成への代替わりは日本国憲法が制定されてから初めてのことです。そのため多くの事柄をどうこなしていくのかについて事細かに決めていかなければなりませんでした。そこで当時の竹下登《たけしたのぼる》首相ら政府が行うすべての手続き、段取りについて大原則を決めました。

「憲法の理念、規定」と「皇室の伝統」との調和です。日本国憲法は「天皇は、……国政に関する権能を有しない」(第4条)と定め、戦前の反省から第20条はこう定められています。

「国及びその機関は、宗教教育その他いかなる宗教的活動もしてはならない」

私たちメディアに携わる人間もこのころ必死に過去の代替わりを勉強したのを覚えています。その中でも大きな関心事がありました。「昭和」に代わる新しい元号をどう決めるのか——。これも初めての経験でした。元号については短い法律があります。元号法です。条文はたった2条しかありません。

　1条　元号は、政令で定める

　2条　元号は、皇位の継承があった場合に限り改める

これだけです。政令とは内閣が定める命令のことです。ですから元号は国会で制定するものではなく内閣の責任で決めることになります。前にも述べましたように天皇は国政に関する権能を有しませんから、天皇陛下が「こういう元号にしてほしい」とは言えないのです。あくまでも内閣が決めるものです。しかし、だからと言ってその時の内閣が勝手に決めていいはずはありません。長い歴史、伝統に沿いながら民主的な手続きを踏む、という原則を守らなければなりませんでした。

皆さんも歴史の授業で習ったと思いますが、日本で最初の元号は「大化」です。そう、「大化の改新」の「大化」です。その後、「大宝」から今日まで途切れることなく元号が定められてきました。こちらは「大宝律令」にその名を残しています。ただし天皇一代に一つの元号という「一世一元《いっせいいちげん》」と呼ばれる制度が始まったのは明治時代からです。今の元号法は明治以来の形を引き継いだことになります。

そこで「平成」はどのように決められたのか、振り返ってみます。

元号の制定

改元の作業はご闘病中に昭和天皇のご容態を鑑《かんが》みながら進められました。密かに準備をして一気に決める方式がとられたのです。かねてから国内有数の東洋史学や中国文学の専門家に元号案の提出を依頼し、官房長官室で厳重に保管されていました。これは今回も同じとみられ、「平成」の次の元号案がすでに相当数提出されていたはずです。

まず昭和天皇がご逝去されると直ちに「元号に関する懇談会(元号懇)」が設置されました。1月7日の午後1時です。そのメンバーにはNHK会長、東京大学学長、早稲田大学総長ら8人が選ばれました。政府は検討段階で3案に絞り込んでおり、この3案を対象に元号懇でメンバーの意見を聞くのです。

元号懇の8人のメンバーが深刻な顔つきで旧首相官邸の大食堂と呼ばれた会議室に消えていく光景は今も鮮明に覚えています。全員が揃ったところに候補案が書かれた書類が入った封筒が運び込まれました。封筒はお盆に乗せられ、紫の布に覆われていました。司会役の小渕官房長官が口火を切りました。

「新元号は2文字で、分かりやすく、俗用されていることなく、企業など固有名詞と一致しないよう勘案して、3案に絞りました。皆さんのご意見をお聞かせ願いたい」

8人のメンバーが封筒を開けると4枚の紙が入っていたといいます。最初の紙には小渕長官が述べた三つの元号案が書かれていました。

「平成《へいせい》」
「修文《しゅうぶん》」
「正化《せいか》」

残りの3枚には元号案の出典、つまり元号案の出所である文献と意味が書かれていました。

元号懇では意見は出されても、多数決を採るわけではありません。小渕長官が「平成」でまとめます。竹下首相が早くから「平成」に決めていたからです。この後、小渕長官は国会に向かいます。衆議院、参議院の正副議長に説明し、意見を聞くためです。憲法41条はこう定めています。

「国会は、国権の最高機関であって、国の唯一の立法機関である」

小渕長官が国会に足を運んだのは、国会が国民の代表である国会議員で構成されており、新元号制定には民主的な手続きという形式が大切だったのです。さらにこの後、大臣が全員集まった全閣僚会議、そして閣議で正式に決定されました。当時の新聞記事によると、閣議が終わったのが午後2時半になっています。午後1時から元号懇が始まっていますから、1時間半で新しい元号が決まったことになります。この間、元号懇のメンバーはトイレにも行けず会議室で待機させられました。

ところでこの間に二つのドラマがありました。一つは新天皇へのご報告をどうするのか。前にも話したように天皇は「国政に関する権能」がありません。ご裁可、つまり許可を仰ぐことになると、天皇が元号制定に関与したことになり、憲法上の問題が生じます。かといって、何もお知らせしないで国民に向けて発表するのも失礼だということで、ぎりぎりの判断が下されました。具体的には閣議決定後に官房副長官が宮内庁長官に新元号「平成」を連絡、宮内庁長官が直接天皇陛下にご報告しました。この後、平成を決めた政令の文書は先導車付きで皇居に運び込まれ、今の天皇陛下が署名されました。

そしてもう1人、発表前に「平成」を知らされた人物がいました。小渕長官が「平成」を発表した際に右肩に掲げた額に入った書を揮毫《きごう》した旧総理府人事課の職員です。首相官邸と道路を挟んで反対側に建つ庁舎で待機して一気に書き上げたのです。こうした発表のやり方を取った裏にはNHK記者の助言がありました。

「テレビ時代になってビジュアル化しないと国民に伝わりません。目に見えることが大切です」

この「平成」の書は竹下元首相の家に飾られていました。孫で歌手、タレントのDAIGO君がよくテレビ番組に持って出演したことがありましたが、今は国立公文書館にあります。

こうして昭和は元号制定で最後の日を終えることになりました。一つだけ覚えてもらいたい難しい言葉があります。「踰年」です。「ゆねん」と読みます。漢和辞典を引くと「踰」の文字には「越す」「越える」という意味があります。「踰年改元」といえば天皇がご逝去された翌年の元旦から元号が変わることになります。

昭和天皇のご容態が悪化した昭和63（1988）年の12月には政府内で真剣に「踰年改元」が検討されました。結果的にご逝去が年を越えたため「踰年改元」は見送られることになりました。その結果、和暦《われき》と西暦の置き換えが難しくなったのも事実です。皆さんは平成生まれなので平成5年が1993年であることは苦もなく置き換えることができると思いますが、昭和58年は西暦だと何年になるかすぐに言えますか？　その混乱を最小限に食い止めようというのが「踰年改元」の持つ意味です。

天皇陛下が退位のお気持ちをにじませたことを受けて「平成31年4月30日」で平成の時代は終わりを告げ、2019年の5月1日からは「令和」です。初めは政府内に「踰年改元」の考え方もありましたが、様々な要因で5月1日になりました。今回の新元号制定も平成制定と同様の手順が踏まれました。

余談ですが、たった7日間しかなかった昭和64年を題材にした小説があります。横山秀夫《よこやまひでお》さんが書いた『64』（ロクヨン）です。わずか1週間の昭和64年に起きた少女誘拐《ゆうかい》殺人事件をめぐるもので、映画化もされているので一度観てください。昭和の終わりから平成の時代の始まりの空気が伝わってきます。昭和の時代を40年間過ごした私は、昭和最後の日を取材したこともあって映画を観ながら、寂しい気持ちがあふれてきました。皆さんも平成の時代に生まれ育ち、気づかぬうちに「平成」の言葉の響きに強い愛着を持っているはずです。平成の時代をしっかりと心に刻んでもらいたいと思います。

昭和最後の日を自民党の幹事長として迎えたのが安倍《あべ》晋三《しんぞう》首相の父、安倍晋太郎《しんたろう》氏です。安倍幹事長は自民党本部に集まった幹部と一緒に「昭和終章」と書かれた色紙に寄せ書きをしています。その書には万感の思いがこもっていました。

もちろん昭和天皇のご逝去に伴う皇位継承をめぐる行事、儀式はこれだけではありません。実に多くの行事が連日のように執り行われました。中でも一般の葬儀に当たる「大喪《たいそう》の礼」は国事行為として行われました。2月24日の当日は朝から氷雨《ひさめ》が降り続く底冷えのする1日でした。会場には東京の新宿御苑が当てられました。昭和天皇の柩《ひつぎ》を乗せた轜車《じしゃ》と呼ばれる車はゆっくりと皇居から二重橋、桜田門、そして国会を経て新宿御苑に向かいました。凍《い》てつく寒さの中にもかかわらず、昭和天皇を直接お見送りしようと多くの国民が沿道を埋め尽くしていました。

大喪の礼には外国の弔問特使と呼ばれる要人が164カ国、28の国際機関から派遣されました。アメリカのブッシュ大統領、フランスのミッテラン大統領、フィリピンのアキノ大統領ら当時の世界の顔が集結しました。大喪の礼が終わると、柩は埋葬先の東京・八王子にある武蔵《むさし》陵墓地《りょうぼち》に向かいました。

激動の時代

皇位継承も日本国憲法の制定以来初めてのことでした。天皇陛下は即位された直後の「即位後朝見《ちょうけん》の儀」で国民を「皆さん」と呼び、「日本国憲法を守り、これに従って責務を果たすことを誓い、……」と述べられていましたが、「大喪の礼」でも傘をご自分でさされて式場を歩かれていました。その後も、5月に徳島で行われた植樹祭の際に、それまでは天皇が通過される道路は全面通行止めが慣例となっていたのが、天皇陛下のご意向で通行止めは片側だけになりました。

天皇陛下はこうして憲法第1条に規定された「象徴」としてのあり方を日々のお務めを重ねられることによって確立されようとされていたのではないでしょうか。

そしてご自身の体力の衰えとともに皇位を次代に託すためにも退位を決意されたのが2016年8月8日のビデオメッセージだったように思われます。例えば皇位継承に伴う儀式や行事についてもこう述べられていました。

「これまでの皇室のしきたりとして、天皇の終焉《しゅうえん》に当たっては、重い殯《もがり》の行事が連日ほぼ2カ月にわたって続き、その後喪儀《そうぎ》に関連する行事が、1年間続きます。その様々な行事と、新時代に関わる諸行事が同時に進行することから、行事に関わる人々、とりわけ残される家族は、非常に厳しい状況下に置かれざるを得ません」

「殯《もがり》」とは日本の古代に行われていた葬儀儀礼で、死者を本葬するまでのかなり長い期間、柩に遺体を仮安置することを意味します。

天皇陛下はこうした思いを昭和の終わりからずっと考えてこられたのではないかと思います。被災地に皇后陛下とともに足を運ばれて被災者を慰め、各地の戦地に赴き慰霊の旅を重ねられてこられました。地道に一歩一歩、皇室のあり方に新しい風を吹き込まれてこられたのも天皇陛下でした。自ら退位のお気持ちを固められたその原点がこの平成元年の即位の時からあったように思えてなりません。

小渕官房長官が「平成」を発表した際に、その意味するところを説明しました。引用は中国の古典からでした。

「内《うち》平らかにして外成る。
地平らかにして天成る」

しかし、現実の平成の時代は決して平穏な時代ではありません。全くその逆と言っていいと思います。激動の時代です。それは日本国内だけでなく、世界も大きく変わり、今なお変わりつつあります。平成元年は、まさしく国内外で新しい風が吹き、芽を出した年でもありました。次章から個別に平成時代を語るためには欠かせない問題を順次取り上げていきたいと思います。

例えば消費税です。皆さんは生まれながらに消費税は最も身近な税金として当たり前のように納めていますが、これも導入されたのは平成元年4月1日のことです。消費税は政府が具体的な導入の検討を開始してから10年かかりました。最初に導入された際の税率は3%でしたが、その後、二度の引き上げが行われました。5%、そして今は8%。さらに2019年10月1日からは10%になることが法律で決まっています。

消費税は「薄く、広く」という言葉に象徴されるように、モノを売り買いする時に必ず課税されます。それだけに国民生活に大きく影響します。このため引き上げのたびに政治が大きく揺さぶられました。次の章で詳しく取り上げていきたいと思いますが、消費税の導入に絡んで7人の首相が退陣に追い込まれています。平成時代の首相は竹下登氏に始まり、安倍晋三首相は二度政権を担当しており、延べ18人の首相が誕生しましたが、半数近くの政権が消費税の導入、引き上げに絡んで退陣に追い込まれていることになります。

一方で少子高齢社会を迎え、国家財政にとって消費税はなくてはならない税金になり、さらに税率を引き上げることが検討されています。ただ、これだけ多くの政権が倒れた現実を前に政治の側《がわ》が及び腰になっているのも事実です。

ところで消費税はリクルート事件という政官界を巻きこんだ大スキャンダルが拡大する中で導入されるという異例の経過をたどりました。就職情報誌発行などで急成長したリクルート社の創業社長が政界や官界への影響力を行使することを狙って、まだ公開されていない関連会社の株を政財官界の有力者にばらまいたのがリクルート事件です。「値上がり確実」と言われた未公開株の譲渡は形を変えた政治献金でした。受け取った政治家の中に竹下登首相もいました。多くの政治家は実際に売却して多額の利益を得ました。このためリクルート事件をめぐって「濡《ぬ》れ手で粟《あわ》」の言葉が頻繁《ひんぱん》に使われました。

竹下首相は、事件の拡大に対する責任を取り、消費税の実施を待って首相退陣を表明しました。リクルート事件の背景には選挙に巨額のお金がかかることがあり、政治改革が叫ばれるようになりました。これがその後の選挙制度の改正につながります。

国内が激しく揺れ動く中で国際社会もこの年に激動の時代に突入します。まずその動きは隣国の中国で始まりました。学生らが民主化要求のデモを行い、これに対して中国共産党の指導部は北京市に戒厳令《かいげんれい》をしきました。その上で6月3日夜から軍による実力行使が始まり、4日になって市中心部の天安門《てんあんもん》広場に戦車を出動させ、デモ隊を武力により弾圧しました。「天安門事件」です。中国の治安当局は死者数319人と発表していますが、正確な人数は分かっていません。

戦車の前に立ちはだかる若者の映像が全世界に流れ、中国は国際社会から厳しい批判にさらされます。経済発展を遂げる中国の矛盾が表面化した事件でした。今も中国国内では「天安門事件」という言葉に極めて敏感です。

そして長く戦後の国際政治の枠組みとなってきたアメリカとソ連(現ロシア)を中心とした冷戦構造が大きく音を立てて崩れ始めたのもこの年です。11月9日、東西両ドイツを隔てていた「ベルリンの壁」が崩壊しました。時代が悲鳴にも似た声を張り上げたように思えました。しかし、冷戦終結が国際社会の緊張緩和をもたらしたかと言えばそうではありません。逆に地域紛争やテロなど、これまでにない問題が生まれています。

平成元年という年はそれだけで何冊もの本が書けるほどいろいろなことが起きました。さらに平成の時代に始まった様々な分野での蠢動《しゅんどう》はまだ終着点に到達していません。それではテーマごとに平成の時代を切り取っていきたいと思います。

1

平成政治の主役は消費税

消費税が導入された89年4月，デパートでネクタイを購入する竹下登首相と夫人 ©共同

消費税はどのように生まれたのか

平成の時代に生まれた皆さんには「消費税」という税は物心ついたころから身近にあったはずです。近所の商店やコンビニで100円のお菓子を買えば8%の税金と合わせて108円を支払います。

こうした物品の売買やサービスを受けた際などに収める税が消費税ですが、日本に導入されたのはそれほど古い話ではありません。平成元(1989)年の4月1日です。まさに消費税は平成時代の始まりとともに生まれ、国民生活に定着してきました。今や消費税収がなければ国や地方自治体の予算は組めません。ただ、消費税は年齢や所得と関係なく課せられるため、税率アップをめぐっていくつもの内閣が倒れました。

税率3%で始まった消費税は5%になり、その後8%、さらに令和になって2019年10月からは10%に引き上げられました。また新たに食料品などを対象に8%に据え置く軽減税率が導入されました。平成の時代には税率アップをめぐって政治が混乱しました。

税金はいくつかの視点から分類ができます。税金の納め方でみれば、税務署に直接納める直接税と、消費税のように商品を販売した商店や会社などを通じて納める間接税があります。ガソリンに課税される揮発油税やお酒にかかる酒税もこれに当たります。また何に課税するかでみる分類もあります。所得への課税は所得税、土地や家屋などの資産にかかる固定資産税、そして消費税。さらに国に納める国税と地方自治体に納める地方税などがあります。

終戦後の日本の税制は、アメリカの経済学者のシャウプ博士らによる勧告を基に骨組みが作られたので「シャウプ税制」とも呼ばれています。

シャウプ税制は直接税中心の税体系でしたが、戦前に創設された、一定の物品に課された税である物品税は引き継がれました。これはぜいたく品を中心に課税するもので、例えば貴金属、自動車、テレビなどが課税対象でした。しかし、商品によって税率が違いました。品目を一つひとつ決める個別消費税ともいわれます。このため品目によって税率が異なる不公平が生じる矛盾を抱えていました。こうした矛盾に加えて1973年の第一次石油ショック後の不況を乗り越えるため、2年後の75年、10年ぶりに政府は赤字国債を発行しました。この時の大蔵大臣が大平正芳《おおひらまさよし》氏でした。大平氏は自身が大蔵省の官僚出身だったこともあって強い責任を感じていたようです。

1978年12月にその大平氏が首相に就任すると、初めて「一般消費税(仮称)」の導入を提唱しました。しかし、翌79年10月の衆院選挙で自民党は大敗、大平首相の退陣を求めて党内に激しい対立が生まれました。その対立は年を越えても続いたのです。自民党内から造反者が出て80年5月の衆院本会議で大平内閣不信任決議案が可決されました。憲法では不信任案が可決された場合、内閣は総辞職するか衆院を解散しなければなりません。大平氏は迷うことなく衆院解散を選択しました。しかも3年に一度の参院選挙が近づいていたため、大平首相は衆院選と参院選の投票日が同じになる衆参同日選挙(ダブル選挙)を決断しました。日本の政治史の中でも初めてのことです。

ところが選挙戦初日に悲劇が大平氏を襲います。街頭演説の最中に心筋梗塞《しんきんこうそく》の発作に見舞われ、選挙中に急死したのです。自民党内の派閥争いが背景にあったとはいえ、「一般消費税」の導入問題が首相の死に至る事態にまで突き進んだのです。

その大平氏の提唱からちょうど10年で導入にこぎ着けたのが竹下登首相でした。竹下氏は大平氏が急死した時の内閣で大蔵大臣を務めていました。竹下氏は大臣として「一般消費税」の導入を当面はあきらめるのと引き換えに「財政再建に関する国会決議」を取りまとめます。これが消費税導入への行程表になります。例えば、導入の前提条件に行政改革がありました。旧国鉄や旧日本電電公社が分割して民営化され、それぞれJR、NTTになったのもこの行政改革の結果でした。

竹下氏は中曽根《なかそね》康弘《やすひろ》内閣でも再び大蔵大臣に就任し、こうした前提条件を一つひとつクリアしていきます。自分で課題を設定し自ら解答を出していったのです。

消費税導入への懸念

そして1987年に竹下氏が首相に就任すると消費税導入に向けて邁進《まいしん》することになります。

竹下氏は将来の少子高齢社会に備え、「広く薄く税を集める」とよく話していました。ただし消費税には避けることができない構造上の問題があります。それは今も変わりません。竹下氏はこれを「六つの懸念」と呼びました。例えば、難しい言葉で「逆進性《ぎゃくしんせい》」があります。消費税をめぐる議論の際は必ず登場する言葉ですのでぜひ覚えておいてください。消費税は所得の高い人も低い人も同じ税率で負担しますから、高所得の人より低所得の人の方が負担する割合が多くなります。所得税は所得が増えると税の負担も多くなります。これが累進性《るいしんせい》です。その逆ということで、「逆進性」と言われるのです。

消費税が実施されると物価を上昇させることなど、竹下氏はあえて懸念を示しました。これだけのことが心配されるので皆で知恵を絞りましょうと逆手を取ったのです。

しかし、予想されたこととはいえ野党は強く反発しました。そこで政府と自民党は最初に考えていた税率を5％ではなく、3％から始めることを決めます。さらに消費税の導入前に所得税減税を実施することにしたのです。こうして消費税を創設するための法案は1988年7月29日に国会に提出されました。

ところが法案審議が始まると思わぬことに遭遇《そうぐう》します。一つはリクルート問題です。これは2章で詳しく書きますが、政治家の金銭スキャンダルです。やがてこの問題をきっかけに政治改革が叫ばれ、選挙制度改革につながっていきます。「消費税国会」は「リクルート国会」と呼ばれることになりました。ついには12月になって消費税導入の責任者だった宮沢《みやざわ》喜一《きいち》副総理兼大蔵大臣の辞任にまで発展しました。

その一方で昭和天皇が9月になって体調を崩され、徐々にご病状が深刻になっていきます。天皇陛下にもしものことがあれば法案の審議は間違いなくストップしていたでしょう。そのような中、クリスマスイブの12月24日に消費税法は参院本会議で可決、成立したのです。この日の夜、竹下氏はこんな言葉を残しています。

「天皇陛下がご病気と闘い続けてくださったお陰です。感謝の言葉もありません」

昭和天皇がご逝去されたのはそれから2週間後の89年1月7日。奇跡ともいえる法案成立だったのです。法律では消費税の実施は4月1日からで、スーパーやデパートではレジの調整など準備が急ピッチで始まりました。この導入過程で日本人の優れた一面が再確認されました。全く新しい制度にもかかわらず大きな混乱もなくスタートしたからです。この日、竹下氏は東京・日本橋の三越本店でネクタイを購入して消費税の創設を国民に強くアピールしました。そしてこの日、竹下氏は10年前に「一般消費税」の導入を提唱し、党内抗争の果てに命を落とした大平正芳元首相の墓前で手を合わせ実施を報告しています。

導入から10年後、私は竹下氏にインタビューする機会がありました。竹下氏はこんな感想を漏らしました。

「カナールという経済学者が「新税はことごとく悪税である。されど国民の暮らしの中に定着したら、すべて良税となる」と言っていたが、消費税もそういう傾向になったんじゃないか」

ただし、導入に至るまでに竹下氏は政治家としてエネルギーをすべて使い果たしていたのです。竹下氏自身はこの消費税導入と引き換えに首相退陣を表明します。消費税による税収を見越した平成元年度予算案の審議が全くできなかったからです。その背景にはリクルート問題がありました。

「政治に対する国民の皆様の信頼を取り戻すために私は自らの身を引く決意を固めることとしました」

4月25日のことでした。竹下氏の後任には竹下内閣で外務大臣だった宇野宗佑《うのそうすけ》氏が就任しました。この年は7月14日がフランス革命から200年の節目に当たり、パリ郊外で先進国首脳会議が予定されていました。また隣国の中国で民主化運動が広がり、極めて重要なサミットとみられ、外交重視の観点から宇野氏が指名されました。

ところが、サミット直後に行われた参院選挙で自民党は厳しい結果を突き付けられ、野党第一党の社会党が大躍進を果たします。社会党の先頭に立っていたのは女性初の委員長だった土井《どい》たか子《こ》氏でした。土井氏は全国に多くの女性候補を立て、「マドンナブーム」を巻き起こしたのです。自民党は1955年の結党以来初めて参院選で敗北しました。この結果、自民党は参院で過半数を失います。ここから衆院と参院の与野党の勢力が逆転したのです。これを「衆参ねじれ国会」と言います。このねじれ国会がその後の政治に多大の影響を与えることになります。

参院は衆院と違って解散がなく任期は6年と決められ、3年ごとに半数が改選されます。一度大負けすると復元には多くの時間を費やさなければなりません。現に自民党が単独過半数を回復できたのは第二次安倍晋三内閣の際に実施された2016年の参院選でした。実に27年の年月を要したのです。参院選惨敗の責任を取って宇野氏は首相を辞任しました。新しく首相に就任したのは海部《かいふ》俊樹《としき》氏でした。

自社さ政権

社会党は臨時国会が召集されると消費税廃止法案を国会に提出しました。導入の翌年、1990年2月に行われた衆院選で野党側が勝てば間違いなく消費税は廃止されていたはずですが、自民党が勝利し、消費税は存続したのです。ただ、大きな課題が残りました。消費税率を5％から3％に切り下げた際に生じた2％のギャップをどう埋めるのかという問題です。その穴埋めには選択肢が二つありました。新しい税制に切り替えるのか、それとも消費税率を引き上げるかのどちらかでした。

消費税導入から5年後の94年2月のことです。当時は前年の衆院選で自民党が敗れ、細川護《ほそかわもり》熙《ひろ》氏を首相とする七党一会派の連立政権が誕生していました。細川首相は突然、深夜に記者会見をして「国民福祉税構想」を発表したのです。やがて訪れる少子高齢社会に備えて税率3%の消費税に代わる税率7%の新税を創設しようとしたのです。

しかし、政権内部で十分な議論がされないまま発表されたため、連立に参加していた社会党が激しく反発、連立政権は大きく揺らぐことになりました。細川首相は求心力を失い2カ月後に退陣に追い込まれたのです。これで消費税をめぐって早くも竹下、宇野、細川の三内閣が崩壊したのです。そして野党に転落した自民党が想定外の奇策に打って出ました。

細川氏の後を引き継いだ羽田孜《はたつとむ》内閣は社会党などが抜け、政権を支える与党が過半数の議席を持たない政権でした。これを「少数与党政権」と言います。政権の崩壊は時間の問題でした。そこで自民党は密かに社会党と手を結び、さらに細川内閣で官房長官を務めていた武村正義《たけむらまさよし》氏と組みます。武村氏は「新党さきがけ」という政党の代表でした。

戦後の日本政治を語るときにしばしば「55年体制」という言葉が登場します。これは1955(昭和30)年に自民党と社会党による二大政党制が生まれたからです。この55年体制が終焉を迎え、94年に「水と油」とも言える自社両党にさきがけが加わった「自社さ政権」が誕生したのです。しかも首相に就任したのは社会党委員長の村山富市《むらやまとみいち》氏でした。

連立政権が発足する際には必ず合意文書が交わされます。その合意に税制改革を年内に行うことが盛り込まれました。かつて消費税導入に強く反発し、国民福祉税で細川内閣を崩壊に追い込んだ社会党が消費税の引き上げに取り組んだのです。「君子は豹変《ひょうへん》す」という言葉がありますが、まさしく社会党の大変身でした。村山内閣は6月30日に発足しましたが、早くも9月には消費税率を3％から5％に引き上げ、97年4月から実施することを決めました。この消費税率アップに際して新たな仕組みが生まれました。アップされる2％のうち1％は地方税に回されることになったのです。

当然のこととはいえ、社会党内は大荒れになります。すでに細川連立政権発足の時に生まれた軋《きし》みが亀裂になり、やがて分裂へと向かうことになります。

いつしか政界ではある定説が生まれていました。

「消費税に手をつけると政権がもたなくなる」

村山内閣も例外ではありませんでした。95年の参院選で社会党は16議席に終わりました。参院選では過去最低の結果でした。さきがけは2人しか当選できませんでした。村山氏は96年の1月に首相辞任を表明し、村山氏に代わって自民党の総裁だった橋本龍太郎《はしもとりゅうたろう》氏が首相になります。

橋本氏はその年の9月に衆院を解散しました。当時は非自民・非共産の議員らで結成された新進党が政権交代を窺っていました。翌年4月に消費税率を5％にすることが決まっており、税率アップに「イエスかノーか」の選挙になったのです。結果は過半数の251議席には届かなかったものの自民党が239議席で第一党の座を守りました。新進党は156議席にとどまり、消費税率アップは信任を得たのです。

そして97年4月に消費税率アップの時を迎えます。これに先立って政府に「財政構造改革会議」が発足します。今では1000兆円を超える国債発行残高が積み上がっていますが、当時すでに240兆円に達しており、財政の健全化を目指して真剣な議論が始まりました。増え続ける赤字国債の発行に歯止めをかけることが最大の目的でした。その結果、2003年までに赤字国債の発行をゼロにすることなどを決定しました。しかし、この目標は達成されるどころか、発行額はさらに急増していくことになります。

国が財布のヒモを締める方針を決めるのと税金を上げるタイミングが重なったのです。景気の足を引っ張るのは当然の帰結といえました。消費税率アップの前には必ず「駆け込み需要」が生まれます。この時もクーラーやテレビなど耐久消費財と呼ばれる商品の販売が急増しました。ところがその反動で税率が上がると消費は急激に落ち込み、97年4月から6月までの実質国内総生産（GDP）は前期比で年率マイナス2・9％に落ち込んだのです。さらに追い打ちをかけるように日本経済を金融危機が襲い、「日本発の世界恐慌」が真顔で語られました。

そうして迎えた98年7月の参院選で自民党は89年の36議席に次ぐ44議席の惨敗《ざんぱい》。過半数は再び遠ざかり、橋本首相も退陣に追い込まれたのです。これ以降、小渕恵三、森喜朗《もりよしろう》、小泉純《こいずみじゅん》一郎《いちろう》、安倍晋三、福田康夫《ふくだやすお》、麻生太郎《あそうたろう》と6人の自民党出身の首相が登場しますが、誰も消費税と真正面から向き合おうとはしませんでした。中でも小泉氏ははっきりと公言しました。

「自分の内閣では消費税は上げない」

この小泉氏の発言はのちのちの自民党政権に大きな影響を与えたのです。むしろ消費税問題に再び取り組むようになるのは2009年8月の衆院選で民主党が政権交代を実現させてからです。

民主党政権で最初の首相となった鳩山由紀夫《はとやまゆきお》氏は税制を担当する財務大臣に旧大蔵省出身の藤井裕久《ふじいひろひさ》氏を起用しました。大蔵省は01年の中央省庁再編で財務省になっていました。その財務大臣に就任した藤井氏は財政の健全化に強い情熱を燃やします。藤井氏に仕える財務副大臣に野田佳彦《のだよしひこ》氏が就任しました。この人事がのちの消費税論議に大きな影響を与えることになります。そして民主党政権の崩壊に直結するのです。

民主党政権と消費税

鳩山内閣の最初の大仕事は２０１０年度の予算を編成することにありました。09年12月25日に閣議決定された政府予算案は過去最高の約92兆３０００億円でした。民主党政権のスローガンは「コンクリートから人へ」。つまり公共事業費を減らし、子育てや年金など人への歳出に重点を移すことです。たしかに公共事業費は約18％削減され、社会保障関係費は約10％増額されました。しかし、新規の国債発行額は約44兆３０００億円という空前の額になったのです。戦後初めて借金が税収を上回る予算が組まれたのです。財政再建はもはや避けて通れない大きな課題になります。ところが、その財政運営の責任者だった財務大臣の藤井氏が、年が変わった10年の1月早々に体調不良を理由に突然辞任します。そこで後任の財務大臣は菅直人《かんなおと》副総理兼経済財政政策担当大臣が兼務することになりました。

さらに鳩山氏が沖縄の米軍普天間《ふてんま》飛行場の移設問題をこじらせ、首相就任からわずか８カ月で辞任します。後任の首相には菅直人氏が選ばれました。菅氏は自らの政権の中軸には財政規律派と呼ばれる実力者を並べ、財務大臣には藤井氏の下で副大臣を務めた野田氏が昇格しました。民主党の政策責任者に就任した玄葉《げんば》光一郎《こういちろう》氏が口火を切りました。

「消費税を含めた税制抜本改革を次の衆院選挙までにタブー視せずに議論すべきだ」

一方、野党に転落した自民党では谷垣禎一《たにがきさだかず》氏が総裁に就任しました。谷垣氏も財務大臣経験者で、小泉純一郎首相の任期満了に伴い実施された自民党総裁選では「２０１０年代半ばまでには消費税率を10％に引き上げ」の政権構想を掲げていました。谷垣氏は野党の総裁ではありましたが、菅内閣の発足直後に行われた参院選の公約に消費税率引き上げを盛り込みました。

「消費税は福祉目的税化し、税率は当面10％まで引き上げる」

これに触発されたのが首相の菅氏でした。参院選が始まる1週間前の記者会見です。

「２０１０年度内に、消費税のあるべき税率や逆進性対策を含む改革案の取りまとめを目指したい。当面の税率については、自民党が提案している10％という数字を一つの参考にさせていただきたい」

この菅氏の発言で参院選は一気に「消費税率10％」が最大のテーマになったのです。菅氏が財務大臣経験者だったことに加え、財政状況の悪化がヨーロッパ全体の経済に深刻な影響を与えかねない「ギリシア危機」が国際会議で大きな議論となっていました。自身もその会議に出席したことが財政再建への強い使命感に駆られることになったと言われています。

しかし、首相発言は重いものです。菅氏が掲げた10年の参院選の議席目標「改選議席54プラスアルファ」は夢のまた夢、44議席にとどまる大敗に終わりました。自民党は51議席を獲得、民主党政権の誕生で一度解消された「衆参ねじれ国会」に再び舞い戻ったのです。

民主党内では前幹事長の小沢一郎《おざわいちろう》氏と小沢氏と対立する菅氏らのグループの勢力争いが激しさを増しました。菅氏は退陣要求を拒否し、9月の民主党代表選は菅氏と小沢氏の一騎討ちになりました。首相を辞めた鳩山氏は小沢氏を支持しました。国会議員票は「菅206、小沢200」――。まさに党を二分する代表選になりました。この後、民主党は消費税に加え、アメリカの呼びかけで始まった環太平洋経済連携協定(TPP)への参加をめぐって小沢グループと反小沢グループの対立が激化、分裂に向かっていきます。中でも消費税問題は最大の対立点となりました。

変容した一体改革

年が明けると菅首相は二度目の内閣改造を行いました。代表選後の内閣改造から約半年ですから極めて異例のことでした。ここで菅首相は消費税問題に取り組む決意を人事で示します。

財務大臣は野田氏が留任、そして財務大臣を辞任した藤井氏を官房副長官に起用したのです。さらに注目は、自民党を離党した与謝野馨《よさのかおる》氏を経済財政政策担当大臣に抜擢《ばってき》したことでした。与謝野氏は歌人の鉄幹《てっかん》、晶子《あきこ》の孫で、自民党内では経済財政問題では右に出る人がいないといわれるほど政策に明るく、かつ財政再建の重要性を強く訴え続けた政治家として知られていました。

その与謝野氏が取り組んだのが「社会保障と税の一体改革」です。少子高齢化時代に対応する年金、介護、医療などの社会保障政策とその財源を確保するための消費税率アップを同時に実施するというものでした。

ところが、与謝野氏が入閣した約2カ月後の2011年3月11日に東日本大震災が起きて菅氏の求心力が急速に失われます。菅内閣はこの年の8月に倒れ、財務大臣だった野田氏が首相になりました。民主党が政権を勝ち取ってからわずか2年で3人目の首相が誕生したのです。

野田首相が財務大臣だったことから「社会保障と税の一体改革」はそのまま引き継がれ、かつての代表岡田克也《おかだかつや》氏が担当大臣に就任しました。翌12年の1月、野田内閣が発足して初めての通常国会が召集され、消費税増税を柱とする「社会保障と税の一体改革関連法案」の審議が大型連休明けから始まり、野田氏は国会で断言します。

「不退転の決意で今国会中に成立させなければならない。政治生命を懸けると言った言葉に掛け値はない」

しかし、小沢氏は消費税増税より先に行政改革と景気対策に取り組むべきと主張して譲りませんでした。野田首相は小沢氏の反対を見越して自民党総裁の谷垣氏と極秘会談をするなど、自民党、公明党と折衝を続けていました。

ついに衆院本会議で一体改革関連法案を採決する時がやってきました。法案に反対する民主党内の造反者は72人に達しましたが法案は衆院を通過します。村山内閣以来、実に18年もの時が流れていました。小沢氏は民主党を離党して新党「国民の生活が第一」の結成に向かいました。


野田首相に残る最後のハードルは野党側が過半数を握る参院での採決です。これをクリアしなければ法案は幻に終わります。

「とにかく会いましょう」

野田首相は最後の大勝負に出ます。谷垣氏とのトップ会談です。谷垣氏の法案賛成の条件は衆院解散でした。8月8日夜国会内で行われた会談には公明党の山口那津男《やまぐちなつお》代表も同席しました。ここで野田氏は約束します。

「法案が成立した暁《あかつき》には、近いうちに衆院解散・総選挙で国民に信を問う」

2012年8月10日、参院本会議で歴史的な法律が成立しました。

「消費税率は2014年4月に8%、15年10月には10%と二段階で引き上げる。増収分はすべて社会保障に還元される」

しかし、政治のドラマはここでは終わりませんでした。自民党は9月に総裁選挙が予定されていました。この総裁選に谷垣氏は立候補に必要な20人の推薦人を集められず立候補できなかったのです。

野田首相が直ちに解散に踏み切らなかったのには様々な背景がありました。小沢氏らによる党分裂直後で民主党の代表選が9月に迫っていたこと、尖閣諸島《せんかくしょとう》や竹島《たけしま》問題が持ち上がり、近隣外交の対応に追われ選挙準備が間に合わなかったことなどが解散見送りの理由と言われています。実際に総裁になったのは安倍晋三氏でした。そして野田首相は11月14日の党首討論で「16日解散」を明言したのです。12月16日の投票で自民党は圧勝、安倍氏は二度目の首相に返り咲いたのです。野田首相が法律成立直後に衆院を解散していれば「谷垣首相」が実現していた可能性は高かったと見られています。

安倍首相は「アベノミクス」と名付けたスローガンを掲げ、景気回復を最優先する考えを持っており、法律通り消費税率を8％に引き上げることに極めて慎重でした。そこで2013年の参院選が終わると、有識者から意見を聞く「集中点検会合」を開きました。しかし、延期を決めるにはあまりに余裕がなく、14年4月から3％増税することを決断したのは13年10月1日。実施のちょうど半年前でした。ただし、15年10月からの10％への引き上げについては「判断時期を含め適切に判断」として結論を先送りしたのです。

そして14年11月、安倍首相は衆院を解散しました。その理由として15年10月から予定される10％を17年4月に延期することを挙げたのです。さらに15年の税制改正で、自民党と公明党は10％に引き上げの際には「軽減税率制度」の導入を決めたのです。

軽減税率は食料品などの生活必需品の消費税率を低く抑えることで家計の負担を減らすのが目的で、ヨーロッパでは広く採用されています。ただし、その適用する対象の線引きが難しいことや、税率が8％と10％と複数になるため、反対論は今も根強くあります。この時点で野田氏と谷垣氏の合意で成立した「社会保障と税の一体改革」の精神はずいぶん変質することになりました。

安倍首相の〝一体改革離れ〟はまだまだ終わりません。16年の参院選前に再び10％への引き上げを19年10月まで2年半延期することを表明します。

「内需を腰折れさせかねない消費税率の引き上げは延期すべきである。そう判断いたしました」

デフレからの脱却を最優先することを強調しました。それに対して政権の中からも副総理兼財務大臣の麻生太郎氏は「増税先送りなら衆院解散するのがスジだ」と語り、衆参同日選挙を主張しましたが、安倍首相はこれを退けました。首相は「リーマン・ショック級(の経済危機)や大震災」の際しか再延期しないとしていたため、「公約違反」の批判が渦巻きました。

安倍首相がこの再延期を打ち出したのは16年6月1日。参院選が始まる約3週間前のことでした。結果は自民党が勝利して単独過半数を回復したのです。

先送りされる改革

ここまでの足取りを見ると、安倍首相は消費税について税率引き上げの延期や軽減税率制度の導入などを行い正面突破を避けて選挙に臨み、勝ち続けていたことが浮かび上がってきます。

この消費税問題に絡めた選挙はこれで終わりではありません。安倍首相は２０１７年９月に突然衆院解散に踏み切りました。この時の解散の根拠に、19年10月に税率を10％に引き上げた際、２％の引き上げによって増える税収の使い道の変更を表明したのです。

２％の引き上げによる税収は５兆円強。それまでに決まっていたのは、この税収の５分の１は社会保障の充実に使い、残りは赤字国債を返済することでした。安倍首相はその使い道を「思い切って変えたい」と訴えたのです。変えて何に使うかについては「少子化対策」と説明しました。

ただし、安倍首相はこの変更によって毎年度予算編成の際の黒字化目標は「困難となる」と語ったのです。

難しい言葉ですが、「基礎的財政収支(プライマリーバランス)」という言葉があります。社会保障や公共事業、防衛費など政策に使う予算を借金(国債など)に頼らずに税金で賄《まかな》えているかを示す指標のことです。日本は国と地方を合わせて収支が90年代からずっと赤字続きです。これを黒字にしようというのが財政健全化目標です。安倍氏はそれを２０２０年度に達成することを約束していましたが、この時の選挙公約でこれを取り下げたのです。

政府はプライマリーバランスの黒字化について新たな目標時期は５年先送りして25年度と決

めましたが本当にできるのでしょうか。今や、「国民の借金」といえる財政赤字は１０００兆円を超える巨額なものになっています。かつての政治家たちは「子や孫の代には借金を残さない」と必死に税制改革に取り組んできました。たしかにそのことによって七つの内閣が崩壊したのも事実です。平成元年に生まれ日本の経済と社会に大きな影響を及ぼしてきた消費税問題は、依然として日本の政治が解決しなければならない最重要課題の一つなのです。

2

政治を激変させた選挙制度

細川内閣発足．羽田副総理(左)と談笑する
細川首相 ©共同

小選挙区制の導入

この章では、平成時代の政治を語る上で避けて通ることのできない選挙制度について一緒に学んでいきたいと思います。

今さら説明するまでもなく選挙は民主主義の基本です。日本国憲法の前文の冒頭にはこう書かれています。

「日本国民は、正当に選挙された国会における代表者を通じて行動し、……」

ただし、どのような選挙制度で選挙を実施するかについては憲法は定めておらず、国会に委ねられています。そこで制定されたのが公職選挙法です。国会を構成する衆議院議員と参議院議員もこの公職選挙法で定められた選挙制度によって選ばれます。このうち平成の時代に入って大きく改正されたのが、衆議院議員の選挙制度です。

衆院選挙は長く「中選挙区制」で行われてきました。中学や高校の日本史の授業で習ったはずですが、1925(大正14)年に制定された普通選挙法によりこの制度が導入されました。終戦直後の一時期を除いて約70年間にわたって維持されてきた制度です。選挙制度は大きく分けると3種類あります。小選挙区制はその名の通り一つの選挙区で1人が当選します。一方で大選挙区制は広い選挙区で一定の当選者を決めます。今の参議院の比例代表制がこれに当たると言っていいでしょう。この中間に当たるのが中選挙区制です。一つの選挙区から3人から5人の当選者が生まれる仕組みです。例外的に鹿児島県の奄美群島選挙区の定数1の1人区と、1票の格差是正の結果6人区と2人区が生まれましたが、基本は定数3から5でした。

これだけ長く定着していた中選挙区制がなぜ平成の時代になって廃止され、現行の「小選挙区比例代表並立制」が導入されたのか。それが本章の中心テーマです。

選挙制度の改正は相撲《すもう》にたとえるなら土俵の大きさやルールを変えるのと同じです。現役の力士なら大反対するはずです。国会議員も同じです。自分が当選してきた選挙制度の変更が自身の当落に直結するからです。当然、強い抵抗もありましたが、それでも大改革に踏み出したのには大きなきっかけがありました。88(昭和63)年に発覚し、89年、平成に入って刑事事件に拡大したリクルート事件です。

スキャンダルの構図は、成長著しいリクルートの関連会社の値上がりが確実な未公開株が自民党の有力者をはじめ野党幹部、さらには旧文部省、旧労働省など中央省庁の高級官僚にばらまかれ、受け取る側が多額の利益を得ていたことにありました。当時は「濡れ手で粟」とも言われました。当時の竹下登首相にもリクルート側から多額の資金提供が行われ首相退陣の引き金になりました。リクルート事件は、日本で初めて導入された消費税の実施時期と重なったことで政治不信を増幅させ、政治改革を求める国民的なうねりを生んだことは1章で説明した通りです。

そこでやり玉に挙がったのが衆院の選挙制度でした。中選挙区制は前にも述べましたように一つの選挙区から3人から5人の当選者が出ます。つまり一つの選挙区に同じ政党から複数の候補者が立候補することが可能になります。この結果、政策の争いは二の次という状況を生みました。

多くの有権者の支持を得るために候補者による有権者への〝サービス合戦〟が行われます。選挙になると「○○レストラン」とか「××料亭」というような言葉が飛び交いました。選挙事務所で豪勢な食事が出されたからです。必然的に多額の選挙資金が必要となります。政治資金規正法がありますけれども、〝ザル法〟と呼ばれていて金権政治にストップをかけるにはあまりに無力でした。

派閥の弊害

中選挙区制は一つの選挙区で同じ政党の候補者が議席を争うため、政党内に派閥と呼ばれる議員集団ができ上がりました。例えば一つの選挙区から最大5人が当選できるわけですから五つの派閥ができることになります。現実に1970年代から80年代にかけて五つの派閥が自民党に存在しました。それぞれのリーダーの氏名から1文字を取って「三角大福中」と呼ばれていました。三木武夫《みきたけお》、田中角栄《たなかかくえい》、大平正芳、福田赳夫《ふくだたけお》、中曽根康弘の5氏です。いずれも首相に就任しています。

自民党はこうした派閥の競《せ》り合《あ》いによって大きな政治的エネルギーを生み出したことも事実ですが、首相の座に直結する自民党のトップリーダーを決める総裁選挙の際には巨額のお金が飛び交うことになりました。自民党は「派閥連合体」と呼ばれ、時として首相よりも派閥のリーダーの方が権力を握る現象が生まれました。田中角栄元首相による「田中支配」、党内最大派閥だった旧竹下派(経世会《けいせいかい》)の「竹下派支配」が自民党史にその名を刻みます。その弊害《へいがい》が行き着くところまで行ったのがリクルート事件でした。

そこで自民党内からも湧き上がったのが政治改革を求める声でした。ここで2人の政治家が重要な役割を果たします。いずれも官房長官経験者の伊東正義《いとうまさよし》氏と後藤田正晴《ごとうだまさはる》氏です。福島県出身の伊東氏は「会津のがんこ山」と呼ばれ、クリーンな政治家として知られていました。竹下首相の退陣の際に後継者と取り沙汰されましたが、こう言って断りました。

「本の表紙だけを替えても駄目だ。中身を替えて意識革命をしなければならない」

警察庁長官を務めた後藤田氏はカミソリと称されるほどの切れ者でした。平和主義者で政治改革に強い使命感を持つ政治家でした。

竹下首相は89年6月に退陣するのと引き換えに自民党に「政治改革推進本部」を設置させました。本部長に伊東氏、本部長代理に後藤田氏が就任します。直後の参院選で自民党は野党社会党に大敗しました。1章で述べたようにこれにより衆院と参院で与野党の勢力が異なる「ねじれ国会」が生まれました。この時の選挙で大勝した社会党の土井たか子委員長は「山が動いた」という名言を残しています。

大敗した自民党内ではますます政治改革実現の機運が高まりました。

「政治改革をしなければ自民党は終わる」という危機感が生じたのです。もちろん政治改革の出発点は「カネのかからない政治」を目指すことにありました。しかし同時に政治の腐敗を生む温床《おんしょう》に自民党が一度も政権の座を明け渡すことがなかった「一党支配」があり、ここにも改革の矛先《ほこさき》が向けられました。そこで政治改革の大きな目的に「政権交代可能な二大政党制の実現」が加わりました。

二大政党制

1955年の自民党結党以来、日本の政治は社会党との「自社55年体制」と呼ばれる政治状況が長く続きました。ところが、社会党はこの間に衆院で過半数を取ったことは一度もありません。「万年与党の自民党」と「万年野党の社会党」による名ばかりの二大政党制でした。

外交面で日米同盟を基本に置いた自民党と、日米安全保障条約を認めない社会党、という対立の構図も55年体制の大きな特徴でした。

その背景には戦後の国際秩序を形成してきた米ソ冷戦構造がありました。

しかしながら89年11月、その冷戦の象徴でもあった東西両ドイツを隔てていたベルリンの壁が崩壊したのです。ソ連の影響下にあった東ヨーロッパ諸国が次々にドミノ倒しのように民主化を進め、ついにソ連も91年12月に終わりを迎えたのです。

もはや冷戦構造を反映した自社対立には意味がなくなりました。当時は自民党の代議士だった羽田孜氏は、「政治腐敗の撲滅《ぼくめつ》」と「政権交代可能な二大政党制」の確立を強く訴えます。

羽田氏は政治改革推進本部事務局長に就任し、「ミスター政治改革」と呼ばれるようになりました。

こうして選挙制度の専門家の意見などを取り入れてまとめられたのが「小選挙区比例代表並立制」という今の選挙制度です。

この長い名称からも分かるように、この制度は一つの選挙区で1人しか当選できない小選挙区制と、比例代表制を組み合わせたものです。全国を300の選挙区に分けた小選挙区とは別に比例代表選挙が11ブロックに分けて同時に実施されることになりました。しかもどちらにも立候補ができます(ただし比例代表制で立候補するには各政党が決める名簿に登録されなければなりません)。このため小選挙区で落選しても比例区で復活当選することができるのです。

2014年の衆院選ではこんな珍現象が起きました。沖縄県の四つの小選挙区で当選したのは自民党以外の野党候補でした。ところが落選した自民党の4人の候補者は比例区の九州ブロックで全員が復活当選しました。さらに日本維新の会の候補者1人も比例で復活したため沖縄から9人もの衆議院議員が誕生することになったのです。

不信任案

こうした制度が生まれた背景には現職議員らの「生き残り」への強い思いがありました。ここに国会議員による「ルールづくり」の限界があるように思えます。

もちろんこの制度の導入までには激しい権力闘争がありました。中でも自民党最大派閥の旧竹下派では新制度導入に積極的な羽田氏と行動をともにした小沢一郎氏らと、それに反対する梶山静六《かじやませいろく》元自治相らの意見の相違があり、派閥の主導権争いとも重なり政治改革をめぐる対立は、ついに自民党分裂にまで発展します。

最初に新制度を導入しようとする勢力と中選挙区制を維持しようとするグループが激突したのは平成の時代になって3人目の海部俊樹首相の時です。海部氏は自民党幹事長に小沢氏を起用します。小沢氏は自らを「改革派」と称し、梶山氏らを「守旧派《しゅきゅうは》」と決めつけます。そこには制度論と感情的な対立が重なり、自民党の政治改革推進本部の会合は毎回大荒れになりました。廊下で取材をしている私を含めた記者たちの耳にも怒号が聞こえるほどの激しさでした。

それでも海部首相は何とか政治改革法案をまとめ国会に提出します。しかし、自民党の国会運営を担う国会対策委員長だった梶山氏が法案を廃案にしてしまいます。その結果海部首相は退陣し、選挙制度改革をめぐる党内議論は次の宮沢喜一内閣に引き継がれます。

1992年の夏、竹下派会長で自民党副総裁を務めていた金丸信《かねまるしん》氏の巨額献金問題が発覚しました。今度は竹下派の次の会長をめぐって小沢氏と梶山氏がぶつかり合い、竹下派は分裂します。小沢氏は羽田氏らとともに羽田派を結成、もう一方のグループは小渕恵三氏(のちの首相)が会長となり竹下派の大勢を引き継ぎました。

その翌年の3月、金丸氏は巨額脱税事件で逮捕、起訴され、小沢氏らが勢いづきます。宮沢首相は選挙制度改革の実現を迫られ、その一方で自民党の運営を預かっていた幹事長の梶山氏に行く手を阻まれ、宮沢首相は双方の板挟みになって身動きが取れません。そこに野党第一党の社会党が宮沢内閣不信任決議案を提出しました。

そして歴史を変える日がめぐってきました。93年6月18日夜。衆院本会議で宮沢内閣の不信任案の採決が行われました。普通なら衆院で過半数を持っていた自民党が反対して不信任案を淡々と否決しますが、この日は異変が起きたのです。小沢氏らの羽田派所属議員35人が賛成票を投じ、ほかにも欠席者が続出して不信任案は可決されたのです。憲法69条はこう規定しています。

「内閣は、衆議院で不信任の決議案を可決し、又は信任の決議案を否決したときは、十日以内に衆議院が解散されない限り、総辞職をしなければならない」

つまり宮沢首相は「衆院解散」か「総辞職」かの決断を迫られたのです。1章で述べたように、宮沢首相、梶山幹事長ら党執行部は解散を選択します。むしろ自民党執行部は「選挙をすれば小沢氏らを自民党から追い出すことができる」と考えていました。しかし、執行部の思惑を無視するかのような事態が続発します。中でも衝撃を与えたのは自民党の中堅幹部だった武村正義氏が10人の衆院議員とともに離党し、「新党さきがけ」を結成したことでした。このほかにも離党者が相次ぎました。羽田派も自民党から離党し、新たに「新生党」として選挙を戦うことになりました。

細川内閣発足

衆院選挙投開票日の7月18日、自民党は「群を抜く第一党」と宮沢首相が漏らした通り、223議席を獲得しましたが、過半数の256議席に遠く及ばない結果になりました。この選挙では新生党が55議席、新党さきがけが13議席、さらに前年に元熊本県知事の細川護熙氏が結成した「日本新党」はいきなり35議席を獲得しました。

ここで自民党には、同じ保守系のさきがけや日本新党との連立政権を目指す選択肢がありましたが、選挙戦の最中から小沢氏が自民党以外の政党を束ねるために精力的に動き、共産党を除く非自民の七党一会派の連立政権の樹立にこぎ着けました。首相になったのは細川氏でした。自民党は結党以来38年を経て初めて野党に転落したのです。皮肉にも選挙制度を変える前に政権交代の方が先行する結果になりました。

細川内閣の発足は「新時代の到来」を告げる出来事でした。そのことを象徴するかのように内閣支持率は実に75％を記録しました。この支持率は自民党を沈黙させました。野党に転落した自民党の総裁は宮沢氏から河野《こうの》洋平《ようへい》氏に交代しました。河野氏は自民党結党以来初めての「野党総裁」でした。

細川首相は就任直後の所信表明演説で「責任ある変革」を訴え、「小選挙区比例代表並立制」を導入する決意を表明しました。細川首相は93年中に実現すると述べましたが、思わぬ抵抗にあいます。連立政権に参画した社会党から反対者が出たのです。連立与党は連日協議を重ね、政権発足から約1カ月、公職選挙法改正案を含む政治改革関連4法案が国会に提出されました。この時は小選挙区、比例代表ともに定数は２５０の計５００。法案は93年11月18日に衆院を通過しましたが、与党第一党の社会党から5人が反対しました。この間に社会党の委員長は連立を推進した山花貞夫《やまはなさだお》氏から村山富市氏(のちの首相)に代わったことも法案の成立を難しくしていました。法案は衆院を通過したものの参院では店晒《たなざら》しにされたまま、年内成立の約束は果たせずに越年します。

しかも社会党が一致して法案に賛成する可能性はますます小さくなっていました。そして94年1月21日、参院本会議での採決の日を迎えました。結果は社会党から多数の造反者が出て法案は否決されてしまったのです。

衆院と参院で投票結果が分かれた場合、法案を衆院に戻して再度審議をし、出席議員の3分の2以上の賛成を得なければ成立させることはできません。そのためには自民党の協力を得るしかなく、自民党との協議が始まりました。この協議を仲介したのが社会党元委員長で女性初の衆院議長の土井たか子氏でした。

臨時国会の会期末は1月29日。その日の夜、東京地方は激しい雪に見舞われていました。雪が降りしきる中、国会内で細川首相と河野総裁のトップ会談が開かれ、一度は廃案になりかけた選挙制度改革法案はよみがえったのです。

成立した選挙制度の内容は「小選挙区３００議席、全国を11ブロックに分けた比例代表区2

00議席の計500議席」。その後定数削減が行われ、2019年現在で比例代表区は24議席減って176議席、小選挙区は289議席の計465議席となっています。

そして重要なのは新選挙制度の導入と同時に法制化された政党助成金の交付です。これにより国民1人当たり250円、総額約320億円が請求のあった政党に、議席数や直近の国政選挙の得票率に合わせて交付されています。共産党だけはこの請求をしていません。たしかに政党助成金によってリクルート事件のようなスキャンダルは減りましたが、国会議員が5人以上集まれば政党として認められ、国からお金が出るため小さな政党が乱立するようになりました。

しかし、より大きな問題は今の選挙制度によって日本の政治が良い方向に進んだかどうかという点です。これについて最終的な妥協案をまとめた当事者であった河野洋平氏はのちにこう話しています。

「今の制度はうまくいっていない。政治にカネがかかる状況は変わっていない。志と違う状況になって申し訳ない」(2011年11月21日、BSフジ番組)

自民党幹事長として強く反対の論陣を張った梶山氏は当時から「新制度は執行部独裁になる」と警告していました。小選挙区は1人しか党として公認できないことや比例代表区の候補者選びと順位付けに党執行部の意向が強く働き、誰もが執行部に対して自由に発言できなくなるからです。現に12年12月の選挙で政権復帰を果たした自民党の安倍晋三首相は「安倍一強」と言われるほどの強い政権になりました。

劇場型政治

現行制度の弊害はこれだけではありません。比例代表制では候補者が執行部の一存で選ばれることがあり、有権者が顔を見たこともない候補者が当選してしまうこともありました。国会議員としての自覚を欠き、当選後数々のスキャンダルを起こす議員が目立ちます。選挙で有権者の審判を受けた実感がないことも自覚の欠如につながっているようです。中選挙区制時代のように同じ選挙区で同じ政党の候補者同士が切磋琢磨して競い合うことがないため、「政策より人気優先」の選挙戦になりがちです。テレビなどで顔が売れた候補者が目につくようになったのもこの制度が導入されてからです。

「ポピュリズム」や「劇場型政治」という言葉もこの制度とともに頻繁に使われるようになりました。その典型が「小泉劇場」でしょう。２００１年４月の自民党総裁選に立候補した小泉純一郎氏は「自民党をぶっ壊す」に象徴される過激な発言を繰り返し圧勝しました。

05年に「郵政選挙」と呼ばれる衆院選挙がありました。小泉首相は郵便や郵便貯金などの郵政三事業の民営化に執念を燃やし、郵政民営化法案を国会に提出しました。ところが、自民党内から反対者が出て法案は否決されたのです。これを受けて小泉首相は衆院解散を断行します。「郵政民営化に賛成するのか、反対するのか、これをはっきりと国民に問いたい」

そして小泉首相が繰り出した選挙戦術が「刺客《しかく》作戦」というものでした。法案に反対した自民党議員に公認を与えず、さらにその議員の選挙区に対立候補を立てたのです。その刺客第一号がのちに東京都知事となった小池百合子《こいけゆりこ》氏でした。それまでの兵庫県の選挙区から東京の選挙区に鞍替《くらが》えしたのです。ここから小池氏は当選を重ね、東京都知事への道を歩むことになりました。

小池氏は知名度の高い候補者でしたが、刺客候補の多くは無名の新人でした。結果は刺客候補を含めて83人もの新人が当選しました。そのため初当選組は「小泉チルドレン」と呼ばれるようになりました。しかし、次の09年の衆院選で再び当選できたのはそのうちわずか10人でした。この選挙では当時の民主党が143人もの新人議員を誕生させました。この選挙は民主党幹事長だった小沢一郎氏が采配をふるったことで、新人たちは「小沢チルドレン」「小沢ガールズ」と名付けられました。

そして自民党が政権に返り咲いた12年12月の衆院選挙では小沢チルドレンも壊滅状態になり、連続当選したのは11人にすぎません。今度は「安倍チルドレン」が119人も誕生したのです。

こうしてみると衆院選挙は「新人大量当選、現職大量落選」の繰り返しといってもいい現象を招いているのです。この間に日本の政治にとって重要な政治家が落選したり、「人気投票」のような選挙に嫌気《いやけ》がさして引退する実力者も出てきました。その結果、「政治全体の質が落ちた」という声をよく耳にするようになりました。しばしば「政治家が小粒になった」と指摘されますが、これらも現在の選挙制度が生んだ大きな弊害といえます。

「選挙制度に完全なものはない」といわれますが、これだけの欠陥を抱えている制度を根本的に変えようという議論がなかなか出てきません。少子高齢時代に入った日本社会が大きく変わるためには、新たな選挙制度の導入を真剣に考える時期に入っていると思います。

18歳選挙権

さらに選挙制度をめぐっては、平成の時代に大きな制度変更が行われています。「18歳選挙権」の導入です。公職選挙法の改正で投票できる年齢が「20歳以上」から「18歳以上」に引き下げられたのです。国政選挙では2016年7月の参議院選挙で初めて適用されました。選挙年齢の引き下げは戦後の民主化に伴い1945年に25歳から20歳に引き下げられて以来実に71年ぶりのことでした。これにより2016年の参院選では新たに18、19歳の約240万人が有権者に加わりました。全有権者に占める割合は約2%にすぎませんが、若者の政治参加の意義は大きなものがあります。問題は投票率の低さです。16年の参院選の投票率(選挙区)は53・68%でしたが、総務省の調査によると、18歳は51・28%、19歳は42・30%。18、19歳を合わせた投票率は46・78%です。日本の政治はしばしば「シルバー民主主義」といわれるほど高齢者に対する施策が優先され、勤労世代へのシワ寄せが指摘されています。少子高齢化に加え、高齢者層の投票率の高さが政治的影響力の増大につながっているとみられています。

18歳選挙権の導入によって日本も国際標準になりましたが、導入の経緯はやや複雑な足取りをたどりました。大きなきっかけとなったのは07年に第一次安倍内閣で成立した憲法改正のための「国民投票法」です。この法律で国民投票の投票権を18歳以上としました。ただし付則で法律の施行までに公職選挙法や民法などの年齢規定を見直すよう求められていたため、まず15年6月に成立した改正公職選挙法により選挙年齢の引き下げが行われたのです。ちなみに成人年齢を現行の20歳から18歳に引き下げる改正民法は18年6月13日に国会で成立し、22年4月1日から施行される見通しとなりました。

平成時代の選挙制度では参院の選挙区選挙で「合区《ごうく》」が行われたことも大きな変更です。大都市への人口集中と地方の人口減少によって「1票の格差」が拡大しました。憲法が定めた「法の下の平等」に反するとして違憲訴訟が全国で提起され、衆院を含めて各地の高裁が相次いで違憲もしくは違憲状態の判断を示しました。これを受けて国会が格差是正のための公選法改正を行ったのです。このうち参院について12年の最高裁判決は、従来の都道府県単位を選挙区とする選挙制度に否定的な考えを示したのです。そこで「鳥取・島根」「徳島・高知」の組み合わせで新たに「合区」が生まれました。しかし、合区により1人も参院議員がいない県が出る可能性が生まれました。しかも地方の人口減少が進めば合区の対象となる県の拡大が想定されます。ちなみにアメリカの上院は人口に関係なく50の州から2人ずつ選ばれた計100人で構成されており、再び参院で合区解消策の協議が始まっています。自民党は18年3月にまとめた憲法改正項目の一つに「参院選の合区解消」を盛り込んでいます。

平成は選挙制度が大きく変わった時代でしたが、まだまだ理想とした制度が確立されたとはいえず模索が続いています。

3

バブル経済の終焉と失われた20年

山一證券自主廃業の記者会見 ©共同

バブル経済

証券取引所で毎年最後に行われる株式売買を「大納会《だいのうかい》」と呼びます。平成元年の大納会は12月29日でしたが、その時の日経平均株価の最高値《さいたかね》は3万8957円でした。それ以降、これを超える株価になったことは一度もありません。株価は下がり続け、日本経済は「失われた20年」という長いトンネルに入り込みます。経済が大きなダメージを受け、日本社会全体もかつてない変化を遂げたのです。「就職氷河期」「ロストジェネレーション」など、その時代に生じた社会のひずみは今も残されています。

それまでの日本経済は「右肩上がり」の言葉に象徴されるように成長を続け、国内総生産(GDP)はアメリカに次ぐ世界第2位の経済大国になり、石油危機を乗り越えて「ジャパン・アズ・ナンバーワン」と言われるまでになりました。これに対し、1980年代のアメリカは貿易と財政の「双子の赤字」を抱え、日本に様々な要求をしてきました。中でも対日貿易赤字は深刻でした。鉄鋼、自動車、半導体、工作機械などの輸出規制にとどまらず、金融自由化や経済政策の大転換による内需拡大を迫りました。このことがバブルの引き金になったと考えられます。貿易決済は為替《かわせ》の相場によって大きく左右されます。例えば1ドル＝120円で100ドルの商品をアメリカに売れば12000円の対価を得ることになりますが、為替相場が1ドル＝140円なら同じ商品でも14000円を手にすることになります。これが為替差益です。逆にアメリカ側からすれば差損が生じることになります。ドルに対して円や当時のドイツマルクが安すぎる円安(ドル高)、マルク安の状態が続き、これがアメリカ経済に大きな打撃を与えていました。

そこでアメリカの強い要請でこの為替相場のドル高を是正するための会議が85年9月22日(日本時間23日)、ニューヨークのプラザホテルで開かれたのです。参加したのはアメリカ、日本、イギリス、西ドイツ(当時ドイツは東西に分かれていました)、フランスの5カ国(G5)の大蔵大臣と中央銀行総裁でした。この日が選ばれたのは時差の関係で日本の秋分の日だったからです。市場に与える影響を最小限にするためでした。当時の日本の大蔵大臣は竹下登氏で、人目を避けるようにジャンパー姿で成田空港から密かに出発していきます。こうして開かれた会議でG5各国がドル安に向けて協調介入することなどを決定、発表したのが、歴史的な「プラザ合意」です。

その結果、円ドル相場は合意前の1ドル＝240円前後から急速な円高に転じました。87年末には1ドル＝120円台にまで円が上昇したのです。急激な円高は、当然ですが大きな副作用を伴います。製品の輸出に頼っていた企業、産業は大打撃を受けました。「円高不況」です。

こうなれば日本経済を立て直すには国内の需要(内需)を拡大するしかありません。日本銀行はプラザ合意の翌年、内需を刺激するため公定歩合《こうていぶあい》の引き下げを実施します。公定歩合とは日銀が民間の金融機関にお金を貸し出すときの金利です。ちなみに合意前に5％だった公定歩合は、87年2月には半分の2・5％まで引き下げられました。円高は輸出産業にとっては厳しい条件ではありますが輸入原材料のコストは下がります。世界の原油価格が86年に半値以下に下落したことに加えて、折からの円高で日本の原油輸入に使う外貨が大幅に減少したこともあり日本経済は徐々に元気を取り戻したのです。

バブル崩壊

ところが何事にも行き過ぎは害を伴います。金利が下がればお金を借りる人が増えます。お金がジャブジャブと国内に出回ると、健全な投資とはいえないお金の使われ方が始まります。

余ったお金で不動産や株など、本来の事業とは関係のない投資に向かう企業が続出しました。「財テク」という言葉も生まれました。政府が景気対策のために大規模な公共事業予算を組んだことも投機に拍車をかけました。

こうした現象は企業だけでなく個人にも及びました。今から思えば日本全体が熱病に浮かされていたようなものでした。「土地の価格は必ず上がる」という「土地神話」が生まれました。個人的体験でも深夜の繁華街には人があふれ、取材を終えて帰宅しようにもタクシーが全く拾えずそのまま職場に泊まったことが何度もありました。東京でいえば赤坂から六本木まで歩いて行けるような距離に1万円を支払う客を見たことがあります。土地や株は当たり前。絵画やゴルフ場の会員権、高級外車などが飛ぶように売れたのです。「バブル景気」です。まさに「あぶく銭」が飛び交ったのでした。プラザ合意からの5年間に株価は約3倍、大都市の地価は約4倍に値上がりしたのです。そのピークを象徴したのが平成元年の大納会でした。

その後、あまりの景気の過熱を警戒した日銀は、一転して金融の引き締めに入ります。まず1989年5月に公定歩合を引き上げました。その後1年3カ月という短期間に5回も引き上げが行われ2・5%の公定歩合は6%に引き上げられたのです。また大蔵省(現財務省)は、90

年3月から翌91年12月まで金融機関に対して不動産向けの融資金額を一定割合以下とするように行政指導を行いました。これを「総量規制」といいます。また91年には「地価税」を創設、翌92年から施行されました。地価の高騰《こうとう》を抑えるためです。ちなみに今も地価税自体は残されていますが、98年の税制改正により当分は課税されないこととなっています。

いずれも行き過ぎた不動産価格の高騰を鎮静化させる目的でしたが、逆に地価や株価の急激な下落を招き、日本経済は景気後退に向かいました。「バブル崩壊」です。平成時代の経済は昭和末期のツケを支払うことに多大なエネルギーを使うことになるのです。

ただし、多くの企業や国民は「バブル崩壊」を直ちに実感したわけではありません。「いずれ良くなるに違いない」「一時的な景気後退に過ぎない」などバブルの余韻《よいん》はしばらく残るのです。

しかし、数字は残酷でした。91年になると平均株価は2万3000円弱。ピーク時の6割以下にまで下落したのです。不動産でもそうです。バブル期には東京の都心で小さな土地を所有していれば銀行は途方もない資金を融資しました。それを元手にビルを建て、部屋を貸す。その賃料を融資の返済に充《あ》てる。こんなビジネスモデルもバブル崩壊で瞬く間に行き詰まり、土地ごとビルを失うといった悲劇が頻発しました。

ここから「失われた20年」が始まります。平成が終わりを迎えても、その後遺症はあちこちに残っています。バブルとは全く無縁の一般国民は都心を追われるように郊外にマンションや住宅を求めました。通勤に2時間もかけるサラリーマンはざらに存在しました。「一億総中流社会」といわれた日本社会に格差が顕著になったのもバブル時代でした。

不良債権

物事はうまくいっているときは見えない欠陥も、ひとたび歯車が狂い始めると次から次へと矛盾が表面に出てきます。バブル経済の崩壊も同じです。それはまずバブル経済の恩恵を受けていた企業や個人を襲います。

極端に表れたのが証券業界でした。ほとんどの株価が下がり、投資家の多くが巨額の損失を抱えました。ところが大手や準大手と呼ばれた証券会社が一部の顧客に対して売買で発生した損失について穴埋めをしていたのです。難しい言葉ですがこれを「損失補塡《そんしつほてん》」といいます。この問題が表面化したのは1991年6月。補塡を受けた対象が大口の顧客に限られていたことや、中には暴力団の存在も明らかになり、大きな社会問題になりました。

日本証券業協会が公表した補塡先リストには暴力団だけでなく銀行、百貨店、芸能プロダクションまで登場しました。証券不祥事、証券スキャンダルは国際的にも注目され、「日本特殊論」「日本異質論」という冷ややかな視線が日本に注がれました。本業そっちのけで財テクに走った企業と証券会社のもたれあいに国民から厳しい批判の声が噴出しました。

この年の日本新聞協会賞は、大手証券4社が90年3月期までに行っていた損失補塡先のリストをスクープした日本経済新聞社の2人の記者が受賞しました。その授賞理由が問題の核心を浮き彫りにしています。

「証券業界と周辺のゆがんだ構造を明るみに出し、内外に大きな衝撃を与えた」

大手証券会社の経営者たちは辞任し、国会で証人喚問されました。

しかし、問題は証券業界だけではありませんでした。銀行にも及び、富士(現みずほ)銀行などのトップの辞任や富士銀行の不正融資事件をめぐっては、監督責任を取る形で当時の橋本龍太郎大蔵大臣(のちの首相)の辞任にまで発展しました。

銀行はこうした不祥事に加えて、巨額の資金を企業や個人に融資していたツケで本業も大きく揺らいだのです。例えば、不動産業や大手建設会社(ゼネコン)などは不動産不況の直撃を受けました。土地やマンションの価格が下がり、融資を受けた銀行への返済も厳しくなりました。銀行も貸したお金(債権)の回収が困難になります。これが「不良債権」と呼ばれるものです。融資した資金が取り戻せなくなれば銀行の経営もおかしくなります。日本では「銀行はつぶれないもの」という神話が存在しましたが、初めて「銀行が危ない」ということを実感したのもバブル経済が終わってからです。

銀行が破たんすれば個人が預けたお金(預金)が戻ってこないことになります。この不安から預金者が預金を取り戻そうとして金融機関に殺到して混乱することを「取り付け騒ぎ」と言います。戦前の「昭和金融恐慌」は衆院予算委員会で当時の大蔵大臣が「東京渡辺銀行がとうとう破たんをいたしました」と誤った答弁をしたことが発端となって全国各地で「取り付け騒ぎ」が起き、恐慌が発生したのです。

戦後はほとんどなかった金融機関の破たんがバブル崩壊によって現実味を帯びました。95年になると、いくつかの信用金庫に預金者が殺到したのです。そこで政府は96年に法律を改正して預金の全額が保護される制度を創設しました。その後、2002年4月からは一つの金融機関につき、預金者1人当たり1000万円までが保護の対象となっています。

ノンバンク

このころ新聞などマスコミ報道にしばしば「ノンバンク」という言葉が登場します。その名の通り法律で定められた銀行や信用金庫などを除く金融機関ですが、大きな特徴は、お金は貸しますが預金ができないことです。それではそのお金はどこから調達するかといえば銀行です。銀行は集めた預金を貸し出してその利子で利益を得ます。ただ、より大きな利益を上げるために企業に貸してきました。

団地などの賃貸住宅に住んでいたサラリーマンたちがマイホームを建てようと思っても、すぐに分譲マンションを買ったり一戸建て住宅を建てられるような大金を持っている人はほんの一握りです。個人で融資を求める人は多くいます。しかし、銀行などの金融機関からすれば個人への融資は手続きが面倒くさい上に利益も少ないため手を出すのを嫌がっていました。しかし、一般庶民の不満に応える必要が出てきました。そこで銀行が中心になって住宅ローンを専門に取り扱う会社を作りました。これが「住宅金融専門会社」と言われるものです。一般には「住専」という略称が使われます。全部で8社ありました。

バブル崩壊のところで触れましたが、不動産価格の高騰を止めるために大蔵省が銀行などに

「総量規制」を指導した際、住専はこの総量規制の対象から外れていました。これがまた「落とし穴」になっていくのです。

住専もバブル崩壊に巻き込まれて破たんします。住専の不良債権処理に対して大蔵省は6850億円の税金を投入しました。当然、国民からは強い批判が生まれました。批判の中心は住専に農協系金融機関の資金が流れていたことでした。農協を守るために政府が動いたと受け取られたのです。これに対して当時の橋本龍太郎首相は「日本の金融システムを守るためには公的資金を投入するのもしようがない」として住専問題を処理したのです。もちろん政府の中にもこの対応に強く反発する政治家もいました。

その代表格が梶山静六官房長官でした。

「バブルでいい思いをした連中が、バブル崩壊で死にそうだから税金で助けてくれなんてことは許されない。責任者は私財没収、市中引き回しの上、江戸十里四方、所払《ところばら》いだ」

現実にアメリカでは1980年代に経営破たんが相次いだ貯蓄貸付組合を整理・救済した際には関係者2000人が起訴され、千数百人が有罪になったといわれています。

住専処理は国会でも大きな問題になりました。野党第一党だった新進党は96年の通常国会が始まると衆院の予算委員会が開かれる部屋の2カ所の入り口で所属議員による座り込みを始めました。住専処理を盛り込んだ政府予算案の審議をストップさせるためでした。座り込みは約20日間にわたって続けられました。それほど大きな政治問題になったのです。

ゼロ金利時代

住専問題が一応決着したことで不良債権問題に区切りがついたと見られたのですが、さらに深刻な事態が進行していたのです。大蔵官僚出身の宮沢喜一首相は1992年8月の段階で不良債権問題に積極的に取り組む考えを示していました。野党との党首会談の中でこう述べています。

「金融機関がどの程度の不良債権を持っているのか(企業に)情報公開させたい」

しかし、宮沢首相のような危機感を持った政治家は少数派で、多くは「いずれ景気が良くなれば問題は解決する」という楽観的な見方が大勢でした。そのためか政府は景気を良くするための大型経済対策を次々と打っていきます。

92年8月の、公共投資を中心にした10兆7000億円の総合経済対策に始まり、90年代は毎年のように大規模な財政支出を伴う経済対策が打ち出されました。結果として赤字国債と呼ばれる国の借金は膨れ上がり、平成の時代が終わろうという2018年には1000兆円を超える、気の遠くなるような借金が残されています。

景気対策をめぐっては財政支出に加え、金融政策も出動されました。「バブル退治」の引き締めから急転回したのです。6％だった公定歩合は1991年7月に5・5％に引き下げられ、93年2月にはプラザ合意後最低の2・5％。それで終わらずに2001年9月に0・1％になっています。「ゼロ金利」時代へ突入したのでした。

しかし、景気浮揚は思うようにいきません。それどころか金融機関の経営行き詰まりはさらに深刻になっていきます。そして重大局面は1997年に訪れます。この年の4月に消費税の導入後初めて税率が3％から5％に引き上げられました。当時の橋本首相は財政赤字がどんどん拡大していくことを「破局のシナリオ」と位置づけ、2003年度までに赤字国債の発行をゼロにする目標を掲げました。その上でこう強調したのです。

「どんなことがあっても日本発の金融不安は起こさない」

ところが94年に始まった中小の金融機関の破たんが徐々に広がり、ついに97年11月、北海道拓殖銀行(拓銀)が破たんしたのです。

拓銀は日本に13行あった都市銀行の一つで、「金融機関はつぶれない」という「神話」はもろくも崩れ去ったのです。それにとどまらず四大証券会社の一つで創業100年を迎えた山一證券が11月24日に「自主廃業」という形で破たんに追い込まれました。金融危機が現実のものになったのです。山一証券社長が涙ながらに絶叫した記者会見のシーンはバブル経済の崩壊を象徴しました。

「私たちが悪いのであって社員が悪いんじゃないんです。社員が路頭に迷わないようにご協力をお願いします」

その危機は橋本内閣を引き継いだ小渕恵三内閣になっても変わることはありませんでした。98年にも日本長期信用銀行、日本債券信用銀行が相次いで破たんしました。この危機に対応するため政府は大蔵省が担当していた金融機関の監督行政を肩代わりするための金融監督庁(現金融庁)を発足させる一方、金融再生法を成立させました。

金融ビッグバン

バブル経済崩壊の直撃を受けた金融機関はもう一つの荒波の直撃を受けていました。橋本内閣が推進した「金融ビッグバン」です。「ビッグバン」とはもともと宇宙の始まりに起きたと考えられる大爆発のことを意味しますが、イギリスのサッチャー元首相の下で行われたイギリスの証券制度の大改革が「ビッグバン」と呼ばれ、日本でも96年から橋本首相が銀行、証券、保険の金融大改革を推進しました。これが「日本版ビッグバン」です。

それまでの日本の金融行政は「護送船団方式」と呼ばれていました。「護送船団」は、最も遅い船にスピードを合わせて船団を護衛しながら航行する戦術のことで、日本政府は安定した金融システムを維持するために、各社間の競争ではなく横並びで業界を守ってきました。これにフリー(自由)、フェア(公正)、グローバル(国際化)の三原則を掲げて行われた金融市場の改革が「金融ビッグバン」です。

その結果、金融機関が次々と合併することになりました。全国に支店を置き、事業展開をしていた13行あった都市銀行は三大メガバンクグループに集約されました。「三菱ＵＦＪフィナンシャル・グループ」「三井住友フィナンシャルグループ」「みずほフィナンシャルグループ」です。それまでは互いに領域が守られていた銀行と証券会社、生命保険会社と損害保険会社が相互に参入できるようになりました。

銀行法が改正され、金融とは関係のなかった企業が銀行を設立できるようになりました。セブン銀行などがそれに当たります。証券会社も参入が容易になり、多くのネット証券が登場します。外国為替管理法も改正され、為替業務が自由化されて外貨預金も広く一般に行われるようになったのです。

　こうして日本の金融システムは、バブル崩壊と金融ビッグバンという大きな変化を経て激変しました。私のような戦後生まれの世代が慣れ親しんだ銀行は過去のものになりました。

　バブル経済は、アメリカの貿易赤字を減らす目的で行われた金融自由化、為替相場の調整を目指したプラザ合意、内需拡大がきっかけとなって生じたことを前に書きましたが、平成の時代に入るとアメリカは日本にもう一つの要求をしてきました。それが「日米構造協議」と呼ばれるものです。

　それまでの日米間の貿易摩擦は、牛肉、オレンジ、自動車などの品目別に協議が行われてきましたが、それでは一向に貿易不均衡《ふきんこう》が解消できませんでした。そこでアメリカは日本の流通システムなど商慣習や構造自体を変えるように迫ってきました。これが平成元(1989)年のブッシュ大統領と宇野宗佑首相との首脳会談の合意で始まった日米構造協議です。

　この日米首脳会談は89年7月にフランスで開かれた先進国首脳会議(アルシュ・サミット)の際に行われました。私も首相に同行して間近で取材をしたのですが、会談時間は15分もなかったと記憶しています。私は日程が立て込んでいて会談は中止になるかと思っていましたが、アメリカ側には形だけでも首脳会談が必要だったのです。

協議の対象の中でも大きな政治問題になったのが流通問題でした。日本の古いしきたりやシステム、また様々な規制についてアメリカ側がその変更を求めてきたのです。国会でも激しい議論になったのが「大規模小売店舗法(大店法《だいてんほう》)」の改正でした。

それまではこの法律により、中小の小売店を守るために百貨店や大型スーパーの出店には多くの規制がありました。改正の結果どうなったのでしょうか。全国の町にあった商店街は寂《さび》れ、多くの店が廃業に追い込まれて「シャッター街」になってしまったのです。代わって郊外の道路沿いに広い駐車場を持つ大型スーパー、ファストフードのチェーン店など、全国どこに行っても同じような風景が目に飛び込んでくるようになりました。日米構造協議は日本の文化までをも変えてしまったのです。

構造協議はその後、日米包括経済協議に引き継がれていきます。平成の時代はアメリカの要求に応じて日本の経済、金融が劇的に変化を遂げた時代でもあります。

同時にバブル崩壊で体力を失った日本社会は大きなダメージを受けました。99年度版の「経済白書」では「雇用」「設備」「債務」の三つの過剰の相互関係を指摘しています。その結果、多くの企業でリストラが行われ、さらなる人件費削減のため新規の採用を大幅に減らしました。最初に93年卒業の学生たちがこの波の直撃を受けました。こうした状況は十数年続き「就職氷河期」といわれました。

日本の人口構造は終戦直後の1947年から49年までに生まれた「団塊《だんかい》の世代」とその子供たちの「団塊ジュニア」が大きな塊《かたまり》になっています。団塊ジュニアは71年から74年に生まれた人たちを指します。人口が多いため大学入試で激しい競争にさらされ、社会人になるときはバブル崩壊に遭遇、「就職氷河期」の〝被害者〟でもあります。この世代は独身者が多く、日本の人口減少の原因になっています。バブル崩壊は日本社会の構造そのものを根本的に変えたのです。「ジャパン・アズ・ナンバーワン」といわれ自信過剰に陥り、その成功体験から抜けきれずに長いトンネルに入り込んだのです。

アベノミクス

バブル崩壊の後遺症はその後も続きます。21世紀に入ってからは、その後遺症をどうしたら治せるかに多くの時間とエネルギーが注がれました。その中心は、前にも述べました「雇用」

「債務」「設備」という三つの過剰によって生まれた需給ギャップの解消にありました。需給ギャップとは、国の経済全体の総需要と供給力の差のことで、GDPギャップとも呼ばれます。つまり、工場の設備や人員が過剰になれば、当然のことですが〝もの余り〟の状態になります。

たとえば金融機関などが抱える不良債権は2002年3月期をピークに08年3月期には過剰融資もほぼ解消しました。ところが地球の裏側のヨーロッパ、アメリカでバブル経済が膨れ上がり、ついに08年9月15日、アメリカの投資銀行であるリーマン・ブラザーズ社が経営破たんしたのです。いわゆる「リーマン・ショック」です。連鎖的にその影響が世界の金融機関全体に及んだのです。

日本では9月1日に福田康夫首相が退陣を表明した直後で、リーマン・ショックは次の日本のトップリーダーを決める最中に日本を直撃したのです。麻生太郎氏が新総裁(首相)に選ばれます。福田氏が退陣したのは任期が残り1年を切った衆院を解散して「新しい顔」で選挙を行うためでした。しかし、麻生首相は解散をせずにリーマン・ショックへの対応を最優先させたのです。アメリカのブッシュ大統領は地球規模の金融恐慌を防ぐために先進国に中国やインドなど新興国を加えた20カ国・地域で構成するG20首脳会合の開催を呼びかけました。第1回会合は11月15日にワシントンで開かれました。以後、毎年1回開かれており、19年には大阪で開かれることが決まっています。

日本経済は金融機関の再編も進み、さほどの影響がないとの希望的観測もありましたが、世界不況の荒波にのみ込まれてしまいます。せっかく実現した需給ギャップの解消もつかの間で、輸出の急減で深刻な不況に見舞われたのです。

そして2010年7~9月期に世界経済は不況から脱し、日本経済も再び需給ギャップの解消にこぎ着けました。ところが11年3月11日、「東日本大震災」が日本を襲いました。日本経済はまたまた大きな試練に直面したのです。不況に逆戻りし、需給ギャップが拡大します。この間に政権を担ったのは旧民主党で、鳩山由紀夫、菅直人、野田佳彦の3人の首相でしたが、景気の低迷が内閣支持率にも直結しました。野田首相が衆院を解散する直前の支持率は17・7%、不支持率は66・1%に達しました。この時野党自民党の総裁が安倍晋三氏でした。ちなみに野田首相が安倍氏との党首討論で解散を約束した12年11月14日の日経平均株価は8664円、為替相場は1ドル=80円前後で推移していました。それが解散発言をきっかけに株価は上昇、円ドル相場も円安に転じていきます。安倍氏は16日に衆院が解散されると記者会見で明確なメッセージを発表しました。

「デフレ脱却に挑んでいく。かつて一度も挑んだことがなかった大胆な金融緩和を行う」

この安倍氏の発言は市場を大きく動かしました。円安、株高の流れは勢いを増し、「安倍相場」とまで言われ、選挙を待たずに安倍首相の誕生はほぼ約束されたも同じでした。

安倍首相は日本銀行総裁を交代させることを口にしました。そこで打ち出されたのが「アベノミクス」と呼ばれる経済金融政策でした。「アベ(安倍)」と「エコノミクス(経済学)」を組み合わせた造語です。「日銀による大規模な金融緩和」、「機動的財政出動」、そして民間投資を呼び起こす「成長戦略」を組み合わせて「三本の矢」と呼びました。これにより円高の是正が進み、企業の業績は回復し、17年4～6月期に需給ギャップが解消されたのです。企業は新たな事業を展開するための設備投資を拡大させ、個人消費も回復しました。世界経済も同時拡大し日本の輸出も増えました。

日本経済はバブル崩壊、リーマン・ショック、東日本大震災という三度の試練に見舞われたわけですが、約四半世紀に及んだ「平成不況」からようやく脱却しつつあります。２０１８年5月の段階で平均株価は2万２５００円前後、円ドル相場も1ドル＝１０９円を軸に安定しています。

とはいえ日本経済はなお多くの課題を抱えています。第1は人口の減少です。04年12月の1億２７８４万人をピークに減少に転じ、少子高齢化が急速に進んでいます。第2は通商摩擦の再燃です。アメリカはトランプ大統領の誕生で「アメリカ第一主義」を掲げ、再び日本に貿易赤字の解消を強く迫っています。アメリカと世界第2位の経済大国になった中国とは「貿易戦争」が始まりつつあるといわれていますが、日本と中国の決定的な違いは、日本は安全保障をアメリカに依存しているため貿易摩擦ではいつも劣勢に立たされていることです。

この保護主義の高まりに対しては、11カ国による環太平洋経済連携協定(TPP11)の拡大や欧州連合(EU)との自由貿易協定(FTA)など自由貿易体制の場をいかに守るかが問われています。第3は13年4月から始まった日銀による「異次元の金融緩和政策」をいつ終わらせるのかです。1000兆円を超える国債残高を抱える財政再建も急務です。日本経済はようやくバブル経済崩壊の後遺症から脱却したとはいえ、財政・金融政策の正常化をどうやって進めるかという大きな課題が残っているといえるでしょう。

4 今も続く沖縄の苦難

住宅地に隣接する普天間飛行場 ©共同

沖縄戦

この章では沖縄問題について一緒に考えていきましょう。太平洋戦争で大規模な地上戦が展開されたのが沖縄でした。沖縄県平和祈念資料館によると、犠牲者は約20万人にのぼり、そのうち約9万4000人が民間人といわれています。沖縄戦は終戦の年の1945年の3月に始まり6月23日に終わりました。この6月23日は「沖縄慰霊の日」として毎年、内閣総理大臣も出席して式典が開催されています。

その沖縄戦を戦った旧日本海軍沖縄方面根拠地隊を率いた大田實《おおたみのる》という司令官がいました。大田司令官は戦況が悪化した6月6日、東京の海軍次官あてに異例の電報を打ったのです。電文は民間人を巻き込んだ壮絶な戦闘の模様を伝えた後、こう結ばれていました。

「沖縄県民かく戦えり。県民に対し後世特別の御高配を賜らんことを」

しかし、沖縄の惨劇から70年以上たった今も、日本の総面積のわずか0・6%に過ぎない沖縄県に在日米軍基地の約70%が集中しています。そして基地をめぐる様々な問題が日常的に起きています。

戦争で言葉では表現できない苦難を経験し、そして戦後も過重な負担を強いられているのが沖縄の現実です。

戦後、日本を占領した連合国軍総司令部（ＧＨＱ）は日本の統治には象徴天皇制が必要と考えました。このため１９４７年に施行された日本国憲法では天皇制を維持するとともに、天皇制の下での再軍備化を懸念する各国に配慮して憲法９条で戦争放棄を打ち出します。ただ日本周辺が軍事的な空白地帯になることを避けるため、占領下の沖縄を米軍基地の拠点とします。天皇制、９条、沖縄米軍基地がセットとなって結びついているのです。終戦直後には日本本土にも米軍基地は多くありました。しかし周辺住民らの反対運動によって部隊は米占領下の沖縄に移転し、次第に集中していくことになりました。沖縄は、52年にサンフランシスコ講和条約が発効して日本が独立をした後もアメリカが司法、立法、行政の施政権を握り続けたのです。65年、佐《さ》藤《とう》栄作《えいさく》首相（当時）が沖縄を訪問してこう話しました。

「沖縄の祖国復帰が実現できない限り、わが国にとって戦後は終わらない」

ここから日米間で沖縄返還交渉が始まります。アメリカ大統領はリチャード・ニクソン氏でした。そしてようやく69年11月の日米首脳会談で、在沖縄米軍の駐留維持と引き換えに72年５

月に返還を実現することで合意したのです。この返還交渉の中で日本にとって大きな国の政治の基本的な方針が佐藤首相によって打ち出されました。「核兵器を持たず、つくらず、持ち込ませず」の「非核三原則」と呼ばれるものです。

難しい言葉を使えば日本の「国是《こくぜ》」なのです。沖縄の返還交渉でも、沖縄も「核抜き本土並み」返還とされ、米軍基地からの核兵器の撤去が条件になっていました。しかし、アメリカの公文書から、有事の場合に沖縄への核兵器持ち込みを認める密約の存在が明らかになりました。また相次ぐ北朝鮮の核実験や弾道ミサイル発射の影響で非核三原則が大きく揺れ始めています。

こうして沖縄は本土への復帰を果たしましたが、米軍基地の存在によって生じる問題は絶えることがありません。91年にソ連が崩壊して米ソ冷戦構造は大きく変化しましたが沖縄の占める地政学的(地理的な環境が国家に与える政治、軍事、経済への影響)な価値が変わることはありません。

そして95年9月4日。忌まわしい事件が起きました。沖縄本島北部での米兵3人による少女暴行事件です。沖縄県民の怒りが爆発しました。

日本とアメリカとの間には「日米地位協定」と呼ばれるものがあります。在日米軍が使用する基地や米兵の取り扱いを決めるもので、特に米兵が事件を起こしたり、米軍機やヘリコプターが墜落事故を起こしたりするとその不平等さが問題になります。

米兵による公務中の犯罪の場合は、米軍側の裁判権が優先されます。日本に裁判権がある場合でも起訴されるまでは身柄の引き渡しを米側が拒否できる規定があります。しかし、60年に協定が締結されて以来、一度も改定されたことはありません。

この少女暴行事件に対する在日米軍の対応に県民は怒り、反米軍基地感情に火が点きました。米軍は地位協定を根拠に３人の起訴前の引き渡しを拒否したのです。10月21日には米軍普天間飛行場が所在する宜野湾《ぎのわん》市の海浜公園に約８万５０００人が集結、事件に抗議する県民総決起大会が開かれました。

世界一危険な基地

日米両政府も沖縄県民の怒りを前にして強い危機感を抱いていました。当時のビル・クリントン大統領は異例のラジオ演説を行いました。

「私は怒りを感じており、事件を極めて遺憾に思う」

日米安全保障条約を中核とする日米同盟が根底から揺らぎかねない状況になったのです。年が変わった96年1月、事件当時の村山富市首相から橋本龍太郎氏に首相が交代しました。橋本首相は就任直後の日米首脳会談で、「世界一危険な基地」といわれる普天間飛行場の返還を求めていましたが、事件を背景に事態が大きく動き始めたのです。

どれほど危険なのか、皆さんも沖縄に行く機会があったらぜひ普天間飛行場を見に行ってください。飛行場のそばに嘉数《かかず》高台公園があり、その展望台から飛行場が一望できます。「百聞は一見に如かず」です。人家が密集する市街地の真ん中にぽっかりと穴が開いたように滑走路があり、頻繁にヘリコプターやオスプレイが離着陸をしている光景が目に飛び込んできます。

96年4月12日午後8時。今でもその時の光景をよく覚えています。すでに取り壊されてしまった、前の首相官邸の記者会見場に橋本首相とアメリカのモンデール駐日大使が揃って現れました。そして「普天間飛行場の5~7年以内の全面返還」が発表されたのです。橋本首相は会見を終えると、「今夜は飲むぞ」と言っていました。

しかし、「1日でも3日でも1カ月でもいいから全面返還までの期間を縮めたい」と言っていた橋本首相の思いとは裏腹に返還問題は迷走を続けています。合意から20年以上経った今も飛行場は市街地の中にあります。迷走の背景には基地の縮小整理を求める沖縄県民と、全面返還といっても沖縄県内での移設を譲らない米軍と日本政府との間に深い溝が横たわっているからです。

橋本首相は返還合意から約5カ月経った96年9月に合意後初めて宜野湾市を訪れています。この時点で日本政府の中には普天間飛行場の移設については、沖縄最大の基地である嘉手納《かでな》基地との統合、名護《なご》市にある米軍基地キャンプ・シュワブへの移設、さらに海上ヘリポートの建設などの案がありましたが、最終的にキャンプ・シュワブ沖への建設計画を発表したのでした。

しかし、沖縄県も名護市も調査への協力を拒否しました。97年12月、名護市では海上ヘリ基地の建設に賛成か反対かを問う住民投票が行われました。結果は小差で反対派が上回りました。ところが、ドラマはここで終わりませんでした。名護市の比嘉鉄也《ひがてつや》市長が橋本首相を訪ねました。

「ヘリ基地は受け入れ、私の政治生命を終わらせてもらう」

つまり市長の辞職と引き換えに条件付きでの基地受け入れを表明したのです。市長辞職に伴う市長選挙では「条件付きで基地受け入れ」を公約した候補が勝ち、住民投票とのねじれが生まれました。ここから普天間問題の迷走が始まったと言っていいかもしれません。

橋本首相も98年7月の参院選で敗れ退陣、後継の首相には小渕恵三氏が就任しました。小渕首相は学生時代から沖縄問題に強い関心を抱いていた政治家でした。

橋本氏も小渕氏も佐藤栄作元首相の指導を受けた愛弟子でした。小渕氏が首相に就任した98年には沖縄県知事が大田《おおた》昌秀《まさひで》氏から小渕首相と学生時代から親交のあった稲嶺恵一《いなみねけいいち》氏に交代しました。稲嶺氏は小渕首相の沖縄に懸ける熱意に応えるように普天間飛行場の名護市への受け入れを表明しました。たまたま２０００年の主要国首脳会議（サミット）は日本が議長国を務めることが決まっていました。小渕首相は１９９９年4月、多くの反対を押し切って沖縄での開催を決めたのです。しかも開催地は普天間の移設先でもある名護市でした。小渕氏が沖縄開催を決定した際にこう言っていました。

「これは大田司令官の電報に対する返電でもあるんだ」

小渕首相はこのほかにサミット開催に合わせて、那覇《なは》市にある首里城の守礼門《しゅれいもん》がデザインされた二千円札を発行することも決めました。それほど小渕首相は沖縄に対して強い思いを抱いていたのです。

小渕首相が沖縄開催を決めたのにはもう一つ大きな理由がありました。アメリカの現職大統領に沖縄を訪問してもらうためです。沖縄の米軍基地を大統領が直接見ることによって沖縄の現状に理解を深めてもらえるのではないか、と考えてのことでした。

しかし2000年4月1日深夜、小渕首相を脳梗塞《のうこうそく》が襲ったのです。長く政治の現場を取材してきて常々感じていることですが、政治は人間が行う営みです。常に「死と病」が背中合わせのように存在し、事態を大きく変えるのです。小渕氏は救急車で都内の病院に運ばれましたが、意識不明の重体となり、5月14日に死去しました。小渕首相が情熱を注いだ沖縄サミットの議長は後任の森喜朗首相に引き継がれました。

沖縄サミット

7月21日からサミットは始まりました。会場は小渕氏が心血を注いで建設した名護市の部瀬《ぶせ》名岬《なみさき》に建つ「万国津梁館《ばんこくしんりょうかん》」です。アメリカから空路沖縄入りしたクリントン大統領は、到着直後に糸満市《いとまんし》摩文仁《まぶに》の「平和の礎《いしじ》」に向かい演説を行いました。

糸満は多くの犠牲者を出した沖縄戦が日本軍の敗北で終わりを迎えた地です。「平和の礎」には国籍を問わず沖縄戦で命を落とし、身元の判明したすべての方の氏名が刻まれています。クリントン大統領はここで沖縄県民に約束しました。

「私たちは、沖縄における私たちの足跡を減らすために、引き続きできるだけの努力をいたします」

サミットの歓迎レセプションには小渕氏に代わって千鶴子《ちづこ》夫人が夫の遺髪を忍ばせて出席しました。会場では沖縄出身の安室奈美恵《あむろなみえ》さんが歌うサミットのイメージソング「NEVER END」が流れました。個人的にも、どこまでも青い海原が広がる部瀬名で開催されたサミットを私は忘れることはできません。

日本政府は「サミットを起爆剤に基地問題を動かす」ことを狙っていましたが、小渕氏が死去し、アメリカでは2000年は大統領選挙の年に当たり、大統領は民主党のクリントン氏から共和党のジョージ・ブッシュ氏に交代することになりました。普天間飛行場の移設問題で中心的な役割を担ってきた日米の主役が交代してしまったのです。

そして、移設問題に進展が見られない中で世界を揺るがす事件が発生しました。01年の「9・11米中枢同時多発テロ」です。このテロについては5章で詳しく触れますが、ニューヨークなどで起きたテロをきっかけにアメリカ政府は世界に展開する米軍基地を再編成する方針を発表します。日本の首相はこの年の4月に森喜朗氏から小泉純一郎氏に交代していました。同時多発テロが起きると小泉首相は直ちにニューヨークへ飛び、ブッシュ大統領が打ち出した「テロとの戦い」を全面的に支持する考えを表明しました。

「We must fight terrorism」

ここから「小泉・ブッシュ関係」が始まります。ところが沖縄で心配されていた事故が起きました。04年8月13日、普天間飛行場所属の大型輸送ヘリコプターが基地に近い沖縄国際大学に墜落炎上したのです。幸い夏休み中で学内にいた人も少なく、負傷者は出ませんでしたが、普天間が「世界一危険な基地」であることを改めて証明しました。

辺野古移設をめぐって

墜落事故直後に行われた小泉・ブッシュ会談で普天間飛行場問題は地球規模での米軍再編に組み込まれる形で再び振出しに戻って日米間の交渉が始まりました。

その結果、キャンプ・シュワブ沖へのヘリポート建設案はゼロから再検討することになり、新たな案の協議に入りました。そしてキャンプ・シュワブ内の辺野古岬《へのこみさき》にV字型の滑走路を建設することを軸とする最終報告がまとまり、２００６年5月に合意しました。

V字案は風向きにより離着する方向を変えるため、どの風向きにも対応できるようにするためのものです。ただ地域への騒音被害を避ける目的で沿岸部の浅瀬の埋め立てを行わねばならず反対運動が続いています。とくに辺野古の埋め立て海域は希少なサンゴと近海は絶滅危惧種《きぐしゅ》のジュゴンの生息地として知られています。

日米間では2014年までに普天間の移設を確認しましたが、再び政治の漂流が計画を大きく狂わせていきます。

まず国政の大きな転機は09年8月に訪れます。衆院選挙で民主党が圧勝して政権交代が行われ、自民党は15年ぶりに野党に転落しました。民主党政権で誕生したのが鳩山由紀夫首相でした。その鳩山氏の発言で普天間問題はまたまた大混乱に陥るのです。衆院解散が迫った7月19日。民主党代表の鳩山氏は沖縄市で開かれた集会で移設先についてこう明言したのです。

「『最低でも県外』の方向で積極的に行動したい。アメリカ政府と徹底的に議論して信頼関係を築けば何事も不可能ではない」

その鳩山氏が首相に就任したのです。沖縄県民の期待は膨らみました。しかし、アメリカ政府は突然の方針変更に猛反発します。期待が大きければ大きいほど裏切られた時の失望はさらに大きなものになります。

この前年、アメリカでは大統領がブッシュ氏からオバマ氏に交代していました。そのオバマ大統領が初めて来日した際にも普天間問題は首脳会談の大きなテーマになりました。その席で鳩山首相は「トラスト・ミー(私を信じてほしい)」とまで言いましたが、アメリカ側の不信感を拭い去ることはできませんでした。

誕生したばかりの鳩山政権はこうして発足直後から迷走状態になりました。鳩山首相は自ら沖縄県外に普天間飛行場を移設できる場所を探しましたが見つけることができず、就任からわずか8カ月で退陣に追い込まれました。

「県外移設」の願いは基地問題で苦しむ沖縄県民の心に今も生き続けていると言っていいと思います。普天間問題をめぐって揺れ動いたのは国政だけではありません。沖縄県知事選挙も時の情勢を反映した結果をもたらしました。15年という期限付きながら辺野古への移設を容認した稲嶺恵一氏の方針の継承発展を訴えた仲井真《なかいま》弘多《ひろかず》氏が日米合意後の06年の知事選で当選しました。

仲井真知事は10年の2期目の選挙では「県外移設」を主張し、政府と一線を画していましたが、12年の暮れに安倍晋三氏が二度目に首相の座に返り咲くと徐々に立場を変え、「県外移設」から辺野古容認に傾きます。そして13年2月に辺野古移設の実現の大前提である沿岸部の埋め立てを承認しました。

これについては選挙の公約違反だとして沖縄県議会は知事の辞任を求める決議を可決しました。しかしながら決議に拘束力がないため、仲井真知事はそのまま職にとどまり、14年11月の知事選に3選を目指して立候補しました。

しかし沖縄県民は「辺野古に新基地を造らせない」と訴えた翁《お》長雄志《ながたけし》氏を選んだのです。この知事選直後に行われた衆院選挙でも沖縄県の四つの小選挙区全てで自民党候補が野党候補に敗れています。政府と沖縄県の間に大きな溝が生まれました。その後翁長知事は仲井真前知事が決定した埋め立て承認を、手続きに誤りがあるとして取り消す決定をしたのです。

もともと政権与党・自民党の沖縄県連幹部であり保守派の政治家だった翁長氏は「新基地建設反対」を訴え、保守と革新の対立を超えた「オール沖縄」の支援で当選しました。政府と県は15年、辺野古基地建設を中断して集中的に協議する期間を設けました。しかし翁長知事が戦後、米軍による「銃剣とブルドーザー」で強制的に土地を接収されて建設された米軍基地の歴史から訴えたのに対し、政府側の菅義偉《すがよしひで》官房長官は1996年の日米合意に基づく基地の県内移設を主張し、話し合いはすれ違いに終わりました。基地の歴史的経緯をどう判断するのか。その基本的な姿勢の違いが県と国(政府)との溝を生んでいるといえます。

これに対し国は裁判に訴え、国と県が裁判で争うという異例の展開を見せました。国と沖縄県の対立は今も続いています。２０１６年12月の最高裁判所の判決では「翁長知事の対応は違法である」と訴えた国の主張を認めました。それから1年8カ月後の２０１８年8月8日、翁長氏が急死したのです。翁長氏の後任知事を決める知事選でも辺野古への移設を反対する玉城デニー氏が、自民、公明両党などが推す候補に圧勝しました。玉城知事は安倍首相らと協議を重ねましたが、結局は物別れに終わり、政府は18年12月14日、辺野古沿岸部の埋め立て予定地に土砂の投入を開始しました。19年2月24日には辺野古沿岸部の埋め立ての是非をめぐる県民投票が行われました。結果は「反対」が72・2％。投票率は、住民投票の有効性を測る一つの目安とされる50％を超えて52・48％でした。それでも国は工事を続行しました。また埋め立て対象の海域に軟弱地盤が見つかり、工事の長期化は避けられない状況です。国と沖縄県の溝はますます拡大しました。

あとを絶たない事故

しかも、この間にも在日米軍及び米兵による事故、事件はあとを絶ちません。原因の一つは「MV22オスプレイ」の配備です。普天間飛行場には２０１２年10月から配備が始まりましたが、墜落と緊急着陸は日常的に起きている印象です。日本政府や県はそのたびに原因究明や飛行停止を米軍に要請していますが、米軍は一方的に「安全宣言」を出して飛行再開を繰り返しています。

米兵による事件も絶えません。16年4月28日には沖縄県うるま市でウォーキング中の日本人女性が、在沖縄米軍の関係者に殺害される事件がありました。5月下旬に開かれた伊勢志摩サミットのために来日したオバマ大統領は安倍首相との日米首脳会談で事件に触れました。「心からのお悔やみと深い遺憾の意を表明する。日本の捜査に全面協力する」この事件の後、日米間の協議で、米軍で働く軍人以外の勤務者である「軍属」の範囲を明確にすることで合意しました。しかし、これはあくまでも地位協定の運用の改善に過ぎません。「沖縄の負担軽減」が叫ばれてからどれだけの時間が流れたでしょうか。国は年３０００億円を超える「振興予算」を交付していますが、それは過去そして現在に至るまで沖縄の人たちが背負わされ続けるものに見合っているでしょうか。

その一方で北朝鮮をめぐる北東アジア情勢は激変しています。沖縄県の尖閣諸島は中国の海洋進出政策の圧力を直接受けています。何にも代えることができない犠牲にどう応え、「沖縄の負担軽減」と安全保障問題の両立をどう考えるのか。日本人全体が問われています。

5

9・11が変えた日本外交

2003年3月，米英軍の空爆により死亡したとされる男性の遺体を運ぶイラクの人々 ©ロイター＝共同

テロとの戦い

今もその時のテレビが伝える光景を鮮明に覚えています。皆さんも一度は見たことがあると思います。2001(平成13)年9月11日。時刻は午前9時(日本時間午後10時)前のことでした。青く澄み切ったニューヨークの空を背にマンハッタンにそびえ立つ世界貿易センターのツインタワー(110階建て)。そこに旅客機2機が突っ込んだのです。最初は何が起きているのか理解できず、ハリウッド映画を観ているようでした。当時の小泉純一郎首相も同じ感覚だったのでしょう。

「怖いね、予測不能だから」

ほぼ同じ時刻にワシントン近郊の国防総省(ペンタゴン)にも別の1機が突入。さらにもう1機がピッツバーグの郊外に墜落したのです。ほどなくアメリカというより世界の政治経済の心臓部を狙った同時多発テロだったことが分かりました。

のちにイスラム過激派組織が犯行に及んだことが判明します。メンバーの一部にアメリカで小型機の操縦免許を取得させるなど周到な準備を重ねた上での犯行でしたが、発生直後は混乱を極めました。貿易センタービルは旅客機突入から約1時間後に崩壊し、三つの現場で確認された犠牲者は3025人に及びました。この中には日本人24人が含まれていました。

アメリカのジョージ・ブッシュ大統領はテレビ演説でアメリカ国民に呼びかけました。

「アメリカは同盟国とともにテロリズムとの戦争に立ち向かう」

東京・赤坂にあるアメリカ大使館では星条旗の半旗が掲げられ、玄関ゲート脇の芝生の上には多数の花束が整然と並べられていました。ブッシュ大統領はこの同時テロを「21世紀最初の戦争」と呼びました。

　これに対して日本政府はテロの意味するところがよく理解できず、素早く反応したわけではありません。たまたまボストンに滞在中の尾身《おみ》幸次《こうじ》沖縄・北方領土担当相(当時)をニューヨークに派遣し、日本人の安全確認の責任者に指名したにすぎません。ところがアメリカのリチャード・アーミテージ国務副長官の一言で対応が大きく変わります。

「Show the Flag(日の丸を見せてもらいたい)」

これについて当時の柳井《やない》俊二《しゅんじ》駐米大使の発言が残っています。

「国際社会が結束して対処し、日本の顔が見える具体的な行動を示すことが求められている。

日米同盟の正念場だ」

つまりアメリカの「テロとの戦い」に日本も積極的に協力する必要があると訴えたのです。具体的には、自衛隊を初めて部隊として海外に派遣するかどうかの判断を迫られたのです。「Show the Flag」は日の丸を掲げた自衛隊の姿を見せてほしいというアメリカ側の要望だったのです。

小泉首相はこれに積極的に応じる考えを固めました。日本国内には憲法上の制約から「資金面だけの支援・協力で十分だ」という声も根強く存在しました。しかし、小泉首相は憲法の前文を根拠に自衛隊による支援・協力に踏み切りました。

「テロと世界がどう戦うか。国際社会の中で日本の立場をどう考えるのか。国家の名誉にかけてそのような趣旨を達成するために全力を傾けるというのが憲法の前文だ」

改めて憲法の前文の一部を思い出してみてください。

「われらは、平和を維持し、専制と隷従、圧迫と偏狭を地上から永遠に除去しようと努めている国際社会において、名誉ある地位を占めたいと思う」

しかし、憲法前文を根拠に自衛隊を海外に派遣するのはあまりに強引でした。今なお「曲解だった」との批判があります。

同時テロから約2週間後、小泉首相は米軍に対する医療、輸送、補給などの後方支援を実施する目的で自衛隊の派遣を決断したのです。これに基づいて政府は「テロ対策特別措置法」を制定し、初めて海上自衛隊の艦船をインド洋に派遣しました。日米同盟の根幹でもある日米安全保障条約第6条は「極東条項」と呼ばれます。そこにはこう記されています。

「極東における国際の平和及び安全の維持に寄与するため、アメリカ合衆国は、その陸軍、空軍及び海軍が日本国において施設及び区域を使用することを許される」

また、「極東」の範囲を「フィリピン以北、日本及びその周辺の地域、韓国及び中華民国の支配下にある地域」とする政府統一見解を出していました。その意味でテロ特措法に基づく自衛隊の派遣は「極東有事」にとどまらない地球規模での対米協力に道を開くものとなりました。「国際協調をうたった憲法前文と武力行使を禁じた憲法9条のすき間」のきわどい法律でした。

小泉首相はこのテロ特措法の制定に先立って9月24日にニューヨークの世界貿易センターのテロ現場を訪れてメッセージを発しました。

「We must fight terrorism」

翌日に行ったブッシュ大統領との日米首脳会談で小泉首相は「武力行使にならない範囲で可能な限り支援したい」と大統領に約束しました。ここから「小泉・ブッシュ関係」が始まりました。

アフガニスタン空爆

10月7日のことでした。ブッシュ大統領は緊急のテレビ演説を行い、同時テロへ報復するためにアフガニスタンへの空爆を開始したことを発表したのです。標的はアフガニスタンのタリバン政権の軍事施設などでした。タリバンはアフガニスタンに興《おこ》ったイスラム原理主義の組織で、アメリカが「最重要容疑者(首謀者)」と断定したウサマ・ビン・ラディンの率いるテロ組織「アルカイダ」と深い関係にありました。

日本政府は直ちに緊急テロ対策本部を設置、アメリカを全面的に支持することを決めました。その際に行われた電話首脳会談でブッシュ大統領は「サンキュー、フレンド」と小泉首相に感謝の気持ちを繰り返し伝えたのでした。

小泉首相は歯切れのいい発言で大きな流れを作り、スピード重視で物事に対処してきましたが、この政治手法を内政だけでなく外交や安全保障の領域にも持ち込んだのです。そこには、アメリカの方針を入念に検討し、場合によっては突き返す、異議を唱えるようなことはほとんどなかったと言っていいかもしれません。

日本政府は前に述べたテロ特措法を成立させました。これを受けて米軍などを支援する自衛隊派遣のための基本計画作りが始まりました。派遣期間は2年。海上自衛隊の補給艦、護衛艦の計6隻がインド洋にある米軍の出撃拠点となる海軍基地があるイギリス領ディエゴガルシア島に派遣されたのです。しかし、ビン・ラディンを拘束できないままアフガニスタンの混迷は続き、その状況は今も変わりません。ただ、ビン・ラディンは2011年5月、アメリカ海軍の特殊部隊によってパキスタンの首都イスラマバード郊外の潜伏先で殺害されました。アメリカ大統領はブッシュ氏からオバマ氏に代わっていました。この模様はホワイトハウスに生中継され大統領以下、副大統領、国防長官らが見守るという衝撃的なものでした。

このアフガニスタンへの空爆が示すように同時多発テロ以降は戦争の形態が大きく変わりました。従来の国同士の戦争からテロ組織との戦いに変質したのです。

そのテロの流れは今も変わらず世界共通の脅威として市民社会を脅《おびや》かしています。当時、ブッシュ大統領はテロリストを保護する者はテロリストと同罪とし、イラン、イラク、北朝鮮を「悪の枢軸《すうじく》」と名指ししました。このためブッシュ大統領は特にイラクと北朝鮮に対して生物化学兵器など大量破壊兵器を開発しているのではないかという疑念を抱き、国際機関の査察の受け入れを求めました。これに対し、イラクのサダム・フセイン大統領は強く反発しました。イラクは査察の受け入れと引き換えにアメリカから攻撃されない保証を国連に求めたのです。

ブッシュ大統領はこう強調しました。

「テロとの戦いは始まったばかりだ。アメリカと同盟国はそのことを許さない」

そして03年2月5日。アメリカのコリン・パウエル国務長官が国連の安全保障理事会(安保理)の外務大臣会合でイラクを厳しく批判しました。

「イラクは武装解除の努力をしておらず、兵器を隠していることを否定できない証拠がある」

パウエル国務長官は「アメリカ独自の機密情報」を根拠にしていましたが、フランス、ドイツは査察の継続など慎重な対応が必要としました。イギリスはアメリカに同調、小泉首相もこの時もブッシュ大統領を全面的に支持したのです。

もはやアメリカのイラクに対する武力行使は時間の問題になっていました。それでも最低限の条件として「新たな国連決議」が必要だったはずです。小泉首相も国会で答弁をしています。

「(武力行使には)もう一つの新しい安保理での決議がなされることが望ましい」

しかし、事態は「決議なし」の武力攻撃に大きく傾き、小泉首相もそれを容認したのです。

そして3月20日、アメリカ、イギリス軍を中心にした有志連合がイラクへの空爆を開始しました。小泉首相は再びアメリカを強く支持します。

「危険な大量破壊兵器が危険な独裁者の手に渡ったら、どのような危険な目にあうか……、ブッシュ大統領の方針を支持してまいります」

これに対し国際社会はフランス、ドイツ、ロシア、中国などが強く反発しました。近代兵器を駆使した米英軍は開戦からわずか21日後の4月9日、イラクの首都バグダッドを陥落させました。バグダッド中心部広場に建っていた巨大なサダム・フセイン像は市民たちも加わって引き倒されハンマーで破壊されたのです。

1979年に始まったフセイン大統領による独裁政権は幕を下ろしました。ただフセイン大統領は姿を消し、アメリカの特殊部隊に発見、身柄を拘束されたのはその年の12月13日でした。イラク中部のダウルの民家の地下に掘った穴に隠れていたのです。その後裁判で死刑判決が出され、2006年12月30日にバグダッド市内の刑務所で処刑されました。

自衛隊派遣

イラク戦争をめぐってはその後新たな問題が表面化しました。アメリカが武力攻撃の根拠にしていた大量破壊兵器が存在しなかったことが判明したのです。アメリカのパウエル元国務長官は退官後に「生涯の汚点」と認めました。当時、アメリカのブッシュ大統領とともに武力行使に首相として積極的な役割を果たしたイギリスのトニー・ブレア氏も２０１６年に独立調査委員会が発表した報告書で判断は誤りだったと断罪され、謝罪しました。

いわばアメリカとイギリスの独断ともいえる思い込みから始まったイラク戦争で、日本の安全保障政策も大きく変わりました。アフガニスタンの空爆では「Show the Flag」が日本を揺さぶりましたが、イラク戦争でアメリカが求めたのはさらに厳しい貢献でした。

「Boots on the Ground」

「地上部隊を送れ」という意味です。いよいよ戦地への自衛隊の派遣を迫られ、ここでも小泉首相はアメリカの要請に積極的に応えたのです。ブッシュ大統領も「目に見える協力」を求めました。これに対して小泉首相はこう答えました。

「日本は主体的に何をするか考え積極的に役割を果たす。まずは現行法の下で、人道物資の輸送のためにＣ－１３０（軍用輸送機）を派遣したい。国力にふさわしい貢献をしていきたい」

これをきっかけに戦後の日本が一貫して封印してきた、戦闘状態が続く海外への自衛隊派遣への道を歩みだしたのです。政府はイラクでの人道復興支援を目的としたイラク特措法を制定しました。特措法は現に戦闘が行われておらず、かつ、そこで実施される活動の期間を通じて戦闘行為が行われないと認められる地域を「非戦闘地域」に限定して、武力行使や武力による威嚇《いかく》は行わないことを基本原則としました。しかし、イラクではアメリカ兵に対する攻撃が続き、「非戦闘地域」の特定は極めて難しく、小泉首相自身が「どこが非戦闘地域か私に聞かれたって分かるわけない」と答えるほどでした。

イラク特措法は7月26日未明に参院本会議で可決、成立しました。それから約半年後の2003年12月、航空自衛隊の輸送機と先遣隊が出発、翌04年1月に陸上自衛隊の先遣隊がイラク南部の都市サマワに入りました。サマワはバグダッドの南東約250キロの場所にあり、オランダ軍が治安維持に当たっていました。しかし、イラク国内の治安の悪化は拡大し、スペインや国際機関の撤退が相次いでいました。それでも04年2月、陸上自衛隊本隊がサマワ入りしました。与えられた任務は浄水、給水、公共施設の復旧、医療支援などでした。

ところがその直後からです。陸上自衛隊の宿営地の近くに砲撃が加えられました。同じころ、イラク国内で日本人3人が武装グループによって拉致される事件が発生したのです。武装グループは人質3人の様子を映したビデオを撮影、カタールの衛星テレビ局「アルジャジーラ」がこの映像を放送しました。武装グループはこう呼びかけました。

「3日以内に自衛隊がイラクから撤退しなければ3人を殺害する」

それだけではなく別の2人が拉致される事件も起きました。いずれも無事解放されたのですが、5月27日、日本人ジャーナリスト2人が乗った車両が銃撃され、炎上したのです。2人は初めての日本人犠牲者となりました。アメリカ軍と武力勢力との戦闘中に流れ弾で負傷し、視力を失ったイラク人の少年を日本で治療させるためにバグダッドに向かう途中を狙われたのです。その後、この少年は来日して静岡県沼津市の病院で手術を受け、視力を取り戻しました。

10月には日本人の青年が拉致された上に殺害される事件も起きました。日本はそれまでは「中東で手を汚していない国」として友好的な関係を築いてきましたが、イラク戦争への関与で大きな代償を払うことになったのです。


陸上自衛隊のサマワ派遣は2006年7月までほぼ2年半にわたり継続されました。一方でアメリカ軍などの後方支援をしていた航空自衛隊の輸送活動は小泉内閣が終わった後も08年12月まで続けられました。

クウェートとバグダッド間で物資などを空輸する任務に当たっていましたが、これに対して市民らが派遣の差し止めや慰謝料を求める訴訟を提起していました。これについて名古屋高裁は08年4月17日の判決で違憲の判断を示したのです。判決はバグダッドを「戦闘地域」と認定した上で、多国籍軍の武装兵員を輸送しているとしてこう断じました。

「他国による武力行使と一体化した行動であって、憲法9条に違反する」

日本政府は、他国の武力行使と一体となるような活動は自らも武力行使を行ったと評価を受けるので憲法上許されないとの解釈を示し、その一体化については戦闘地域との地理的な関係、行動の具体的な内容などによって判断するとしてきました。判決はバグダッドでの空輸活動を武力行使と一体化していたと認定したものでした。

集団的自衛権

9・11同時多発テロによって国際社会における戦争は様相を大きく変えました。それをきっかけに小泉首相とブッシュ大統領の信頼関係も加わって、日本の安全保障政策は大きく変わったのです。ただし、アフガニスタンの空爆をめぐるテロ特措法そしてイラク特措法など、いずれも特別措置法という時限立法をもってその都度《つど》事態に対応してきました。これを変え恒久法による安全保障法制の制定を目指したのが小泉首相の後を担った安倍晋三首相でした。

安倍首相は森喜朗内閣で内閣官房副長官という重要なポストに抜擢されてから、将来の首相候補としての歩みを始めました。森内閣に続いて小泉内閣でも官房副長官を務め、さらに飛躍しました。その後自民党幹事長、そして小泉内閣の官房長官に就任、06年9月の自民党総裁選で勝利を収めて首相になった政治家です。

もともと「お金の援助だけでは世界に評価されない」と考えてきた安倍首相は、満を持して安全保障問題に取り組みます。首相に就任して2カ月後、11月には「国家安全保障に関する官邸機能強化会議」を設置します。目的はホワイトハウスの国家安全保障会議(NSC)をモデルにした「日本版NSC」の創設です。さらに翌年の1月の年頭記者会見では集団的自衛権の行使容認をめぐる問題に着手する考えを示しました。

「集団的自衛権の問題も含め、憲法との関係の整理について個別具体的な類型に即して研究を進めます」

「集団的自衛権」とは、自国と密接な関係にある外国に対する攻撃を、自国に対する攻撃とみなして実力で阻止する権利のことを言います。国連憲章で個別的自衛権と並ぶ「国家固有の権利」と認められているのです。日本政府は、長くこの権利を「保有するが、行使は憲法上許されない」との見解をとっていました。

その具体化が07年4月25日に発足した「安全保障の法的基盤の再構築に関する懇談会」(安保法制懇)でした。座長には同時多発テロの際に駐米大使だった柳井俊二氏が就任しました。この懇談会では、憲法の解釈で禁じられていた集団的自衛権の行使について一部を容認する方向での変更を検討しました。

①公海上で自衛隊艦隊と並走するアメリカの艦船の防護
②日本のミサイル防衛(MD)システムでアメリカを狙った弾道ミサイルの迎撃
③同じ国連PKO等に参加している他国の活動に対する後方支援
④国際的な平和活動における武器使用

以上四つの類型の安全保障問題について議論が始まりました。しかし、この年の7月の参院選で自民党が惨敗し、安倍首相自身も健康を害したため首相を退きました。第一次内閣では結論を出せずに終わりましたが、12年12月に首相に返り咲いた安倍首相はそっくり同じ手法で問題に手を着けたのです。

そのきっかけになったのが、13年1月に起きたアルジェリアでの人質事件で多くの日本人が犠牲になったことでした。安否確認などで困難を極めたため情報収集、危機管理について総合的な調整に当たる組織として、その年の12月に国家安全保障会議(NSC)が創設されました。

首相を議長に、官房長官、外務大臣、防衛大臣による4大臣会合と、総務大臣や財務大臣らを加えた9大臣会合があり、国の安全保障に関する重要事項や危機管理について協議、審議します。北朝鮮がミサイル発射実験を行った際は、しばしば会議が招集されました。NSCの創設後は首相官邸に安全保障政策で強い権限が集中することになりました。

安倍首相が掲げた外交・安全保障政策の基本理念を「積極的平和主義」といいます。国際協調を基本に世界の平和と安定、繁栄に積極的に貢献するとして集団的自衛権の行使容認など従来の安全保障政策を大きく転換させました。

安倍政権は2013年12月、国家安全保障に関する外交政策・防衛政策の基本方針を定める「国家安全保障戦略」を初めて決定、積極的平和主義を明確にします。同月、アメリカなどとの機密情報の交換を行いやすくするため、安全保障に関する情報管理の強化や漏えいへの罰則を厳しくする特定秘密保護法を成立(14年12月に施行)させます。

日本政府は1967年の佐藤栄作内閣以来武器の輸出を禁止していました。武器輸出三原則と呼ばれました。安倍政権は2014年4月、この禁輸政策を撤廃し、武器と武器の製造や使用に関する技術と規定に「防衛装備移転三原則」という新たなルールを決定しました。国際協調の推進や日本の安全保障に役立つと政府が判断すれば、相手国の適正な管理などを条件に輸出を認めることにしたのです。

さらに首相は憲法9条が禁じているとされた集団的自衛権の行使について、一部を容認する憲法解釈の変更を行いました。これを受けて制定されたのが15年の安全保障法制です。日本と密接な関係がある他国(主にアメリカ)が攻撃を受けて日本の存立《そんりつ》が脅かされた場合を「存立危機事態」と認定し、ほかに適当な手段がないなどの三要件を満たせば、集団的自衛権を行使できることにしたのです。また、PKOについても派遣される自衛隊に新たな任務が付与されるなど、地球規模での日米の一体化が進みました。

この法案を審議した15年の通常国会では野党側が安保法制を憲法違反として強く反発しました。政府与党は150日間の会期を95日間も延長しました。現行憲法下で最長記録を更新したのです。国会の中だけでなく安保法制をめぐっては多くの市民が反対のプラカードを手に国会周辺に集結して激しい反対運動を展開しました。その論争は今も続いています。この法制の実現には安倍首相の強い思いと、中国の海洋進出、北朝鮮など日本周辺の安全保障環境の激変、そして12年と14年の衆院選で自民党が圧勝し、与党の公明党と合わせて憲法改正に必要な3分の2以上の議席を占める「数の力」が背景にありました。しかし、安保法制については今も国内に根強い反対意見があり、今後とも論争は続くことになるでしょう。

安倍首相はそれだけではなく、憲法9条そのものの改正を目指します。憲法学者の間に「違憲」との見解のある自衛隊の憲法論争に終止符を打つためとして、17年5月3日の憲法記念日に、9条を改正して自衛隊を憲法に明記し、その改正憲法の20年の施行を目指すと表明しました。自民党はその方針に沿って9条や教育充実など4項目の改憲案をまとめましたが、他党の反対が強く、議論は進んでいません。

さかのぼると、平和憲法の下で構築されてきた日本の安全保障政策に大きな一石が投じられたのは1990年8月の湾岸危機でした。イラクのサダム・フセイン大統領が隣国のクウェートに侵攻し、アメリカのジョージ・ブッシュ大統領(父)が海部俊樹首相(いずれも当時)に対して「日本の目に見える貢献」を要請してきました。しかし、海部首相はこれを断ります。

「日本には憲法9条があるから駄目です」

この湾岸危機は5カ月後に湾岸戦争に発展します。ここで日本は約130億ドル(約1兆7700億円)という巨額の資金をアメリカを中心にした多国籍軍に提供します。戦争が終結した後、クウェートは世界の主な新聞に感謝の広告を掲載しました。しかし、その中に日本の国名も国旗の日の丸もありませんでした。臨時増税までして巨額の資金を提供しながら国際社会からは全く評価されなかった事実は「湾岸トラウマ」として語り継がれ、その後の外交・安全保障政策に大きな影を落とすことになります。

1992年には国連平和維持活動(PKO)協力法が成立し、国際貢献策として、初めての自衛隊の本格的な海外派遣が始まります。また96年には橋本龍太郎首相とビル・クリントン米大統領が日米安保共同宣言を発表します。日米の協力をアジア太平洋地域まで拡大し、軍事同盟化にさらに踏み込むとともに、97年には有事への対応策として日米防衛協力のための指針(ガイドライン)を78年以来、19年ぶりに改定します。

のちにイラク戦争の際に初めて陸上自衛隊を派遣した小泉内閣の福田康夫官房長官(のちの首相)はこう語っています。

「日本国憲法と日米同盟の維持の間でバランスをどう取ればいいのか、大変悩みました。アメリカの強い要請の中でのギリギリの判断が「非戦闘地域」への派遣でした」

平成は日本の外交・安全保障政策が大きな曲がり角に立たされた時代でもありました。

そうした中でも戦後の日米関係で今も強く印象に残る歴史的な出来事がありました。オバマ大統領が被爆地の広島をアメリカの大統領として初めて訪問、平和公園で演説したのです。

「私の国のように核を保有している国々は、核兵器なき世界を追求する勇気を持たなければならない。私が生きているうちにこの目標は達成できないかもしれないが、たゆまぬ努力が大惨事の可能性を小さくする」

　しかし、国際社会はなお激しく動き、日本の立ち位置も揺れ続けています。昭和から平成、そして次の時代に「この国のかたち」をどう描くのか――。私たち日本人全員が直面する問題です。

6

近くて遥かな北方領土

来日したエリツィン大統領 ©共同

北方領土とは

日本は今、三つの領土問題に直面しています。一つは沖縄県の尖閣諸島をめぐる中国との摩擦です。また、日本海に浮かぶ竹島をめぐって韓国との間に長く領有権争いが続いています。そして北方領土です。面積から見ても経済的価値、安全保障の面からも、日本にとって北方領土問題は戦後の日本外交が積み残した最大の懸案《けんあん》の一つです。

皆さんは「北方領土の日」があるのを知っていますか。毎年2月7日がその日に当たります。なぜか。幕末の1855年2月7日(安政元年12月21日)に「日魯通好条約」が締結されたことがその由来です。「魯」は今のロシアではなく帝政ロシアですが、伊豆半島の下田で結ばれたため下田条約とも呼ばれます。

この条約で初めて日本とロシアの間で国境が画定されました。北方領土の地図を見ると、北海道から近い順に歯舞《はぼまい》群島、国後《くなしり》島、色丹《しこたん》島、択捉《えとろふ》島――。これが北方四島と呼ばれる島々です。さらに択捉島の北東に隣接する得撫《ウルップ》島があります。国境線はこの得撫と択捉の間に引かれたのです。そこには戦争や侵略など強硬的手段は何も介在していません。江戸幕府の川路聖謨《かわじとしあきら》とロシア艦隊司令長官プチャーチンとの話し合いによるものでした。日本側が一貫して「日本固有の領土である」と主張するのはこの下田条約があるからです。

その後、1922年にロシア革命を経てソビエト社会主義共和国連邦(ソ連)が成立します。そして第二次世界大戦に向かう41年4月、日本とソ連との間で「日ソ中立条約」を結びます。重要なのはこの条約によって日本あるいはソ連のどちらかが第三国によって軍事行動の対象になった場合、その紛争の期間は「中立」を守ることになったことです。条約の有効期間は5年、いずれか一方が期間満了の1年前に廃棄を通告できることなどが規定されました。日ソ中立条約締結の前年には日独伊三国軍事同盟が成立しています。

そして41年12月8日、日本軍のハワイ・真珠湾奇襲攻撃によって太平洋戦争が始まりました。やがて日本、ドイツ、イタリアは劣勢になり戦争の終わりが見え始めた45年2月、旧ソ連領だったクリミア半島のヤルタに連合国側の3人のリーダーが集まりました。アメリカの大統領フランクリン・ルーズベルト、イギリスの首相チャーチル、そしてソ連の最高指導者スターリンです。この会談では戦争が終わった後の敗戦国の領土分割などについて話し合われ、秘密協定が結ばれます。提唱者はルーズベルトでした。

ルーズベルトはソ連のスターリンに日ソ中立条約を破棄して日本との戦争に参加するよう要請しました。その代わり、樺太《からふと》(サハリン)、千島《ちしま》列島をソ連領とする考えを伝えたのです。ところがルーズベルトは4月12日に急死、後継の大統領には副大統領のトルーマンが昇格します。そのトルーマンが8月6日に広島、8月9日に長崎と人類史上初めて原子爆弾の投下を命じました。ルーズベルトが生きていても同じように原爆を投下したでしょうか——。永遠の謎として残っています。多くの人命が失われた悲劇はこうしてもたらされました。

広島に原爆が落とされるとソ連が動きます。8月8日に日ソ中立条約を破棄し、翌9日に日本に対して宣戦布告しました。そして、今度は長崎に原爆が投下され、8月15日、日本軍はポツダム宣言を受諾、無条件降伏したのです。ソ連軍は北方四島を含む千島列島、南樺太を不法に占領し、さらに数多くの日本兵を捕虜としてシベリアに抑留《よくりゅう》したのです。酷寒の地で強制労働を強いられ、多数の日本人が死亡しました。

「四島返還」「二島返還」

戦後の日ソ関係はこのヤルタ協定による北方領土の帰属問題と、シベリア抑留者をどうやって日本に帰国させるかという問題から始まりました。

しかし、戦後の国際社会は、ソ連を中心とした社会主義諸国とその膨張に歯止めをかけようとするアメリカやイギリスなどの資本主義諸国が厳しく対立します。「米ソ冷戦」の時代の始まりです。

この結果、アメリカによる日本の占領政策も大きく変わりました。１９５０年には南北朝鮮が戦火を交えて朝鮮戦争が起き、アメリカにとって日本が西側の一員として自立することがますます重要になってきました。日本の主権回復を決めた51年のサンフランシスコ講和(平和)条約の締結をアメリカが急いだのは、東西冷戦時代に備えるためという背景がありました。アメリカが主導する講和条約をソ連は快く思わず反対します。日本国内には講和条約にソ連も参加する「全面講和」を求める意見が根強くありましたが、日本の吉田茂《よしだしげる》首相はアメリカとの関係を重視して「片面講和」に踏み切りました。

ソ連との国交回復が遅れたのはこのためです。この講和条約では領土についても決められましたが、北方領土に関しては次のような規定しかありません。

「日本国は、千島列島並びに日本国が１９０５年9月5日のポーツマス条約の結果として主権を獲得した樺太の一部及びこれに近接する諸島に対するすべての権利、権限及び請求権を放棄する」
たったこれだけです。千島列島の範囲など具体的なことには何も触れていません。ここから北方領土問題をめぐる混乱が始まったと言っていいと思います。

サンフランシスコ講和条約の調印を終えて日本は主権を回復しますが、ソ連をめぐって二つの懸案がありました。一つはソ連に抑留された多くの日本人の帰国の実現と、ソ連の拒否権行使によって阻まれてきた国際連合への加盟問題でした。これらの問題に取り組んだのが吉田茂氏のライバルでもあった鳩山一郎《はとやまいちろう》首相です。鳩山一郎氏の孫が2009年に民主党政権で首相になった鳩山由紀夫《ゆきお》氏です。鳩山一郎首相は「シベリア抑留兵の帰還なくして戦後は終わらない」と考えていました。

1955年2月に鳩山内閣が発足して日ソ交渉が始まります。しかし北方領土問題が障害になり遅々《ちち》として進みません。ここで焦点になったのが「四島返還」か「二島返還」かの対立です。日本にとって四島返還は北方領土問題の最終決着ですが、ソ連側は「二島返還」、つまり歯舞群島と色丹島だけを返還するというものです。

交渉は難航し、1年半以上も時間を費やしました。最後は鳩山首相自身がモスクワ入りし、当時のブルガーニン首相との間で合意したのが「日ソ共同宣言」でした。56年10月19日がその日です。ここで合意されたのは「(平和条約が締結された後に)歯舞群島と色丹島を日本に引き渡す」ということでした。日本側が妥協したのにはシベリアに抑留された人たちの存在がありました。当時の交渉団の共通の思いは「あの厳しいシベリアの冬をもう一度越させることはできない」というものです。

当時の国内世論は「四島返還」でした。現に日ソ共同宣言合意の前年に結党された自由民主党の党是《とうぜ》には「四島返還」が盛り込まれており、その後の日本外交の基本方針として維持されていきます。

結局、時間の経過とともに「四島返還」はもとより、「二島返還」についてもソ連側は「領土問題は決着済み」との立場を変えることはなく、昭和の時代はほとんど進展がありませんでした。

動き始めた領土問題

その領土問題はソ連の崩壊過程とともに再び動き始めます。ポイントはソ連共産党のゴルバチョフ書記長です。ゴルバチョフ氏は国内社会の立て直しのために二本柱の方針を打ち出しました。ペレストロイカ(改革)とグラスノスチ(情報公開)です。これをきっかけにソ連邦内だけでなくソ連の強い影響下にあった東欧諸国の民主化が始まり、89年11月の「ベルリンの壁」の崩壊につながります。ソ連でも翌90年にゴルバチョフ氏が共産党一党独裁体制を廃止して大統領制を導入し、自身が初代の大統領に就任しました。

そのゴルバチョフ大統領は91年4月に来日します。当時の海部俊樹首相と計6回にわたって日ソ首脳会談を行っています。この首脳会談を受けて日ソ共同声明が署名されます。そこで初めて歯舞、色丹、国後、択捉の四島が領土問題の対象であることが明確に確認されました。また、日本国民による四島訪問についてゴルバチョフ大統領から「ビザなし交流」が提案され、のちに制度化して定着しました。

さて、なぜこのタイミングでゴルバチョフ大統領は北方領土問題に踏み込んだのでしょうか。最大の要因はソ連邦内の混乱、中でも経済の混乱、停滞がありました。それに対応するために日本の経済協力を求めていた時期と重なります。ゴルバチョフ氏は歴史的な改革に取り組んでいたため、より一層の日本の協力が必要だったと見られています。

しかし、91年8月のことでした。ゴルバチョフ氏が休暇でクリミアの別荘に滞在中にソ連共産党内の保守派によるクーデター未遂事件が起きます。この事件を制圧したのがロシア共和国大統領だったボリス・エリツィン氏でした。クーデター未遂をきっかけにゴルバチョフ氏は12月に大統領を辞任し、74年間の歴史を重ねたソ連は解体されます。

ロシア連邦の初代大統領に就任したのがエリツィン氏でした。エリツィン氏は最高会議議長だった90年に来日したことがあり、知日《ちにち》派として知られていました。

大統領に就任したエリツィン氏は93年10月に来日します。日本の首相は政権交代したばかりの細川護熙氏でした。

エリツィン氏の来日の目的は、ソ連時代に日本と結んだ条約やその他の国際的な約束が、日本とロシアの間でも有効であることを確認するためでした。この中には先ほども触れた56年の日ソ共同宣言も含まれています。これを「東京宣言」と言います。今も日ロ間の領土交渉の基本文書と位置付けられています。

東京宣言にはこう記されています。

「両国の間で合意の上作成された諸文書及び法と正義の原則を基礎として解決することにより平和条約を早期に締結する」

今から振り返ると、エリツィン氏の時代が北方領土問題の解決に一番近づいた時だったかもしれません。このころ日本では政権交代が続き、細川首相、羽田孜首相、村山富市首相とわずか1年間に3人の首相が登場しました。

そして野党に転落してから2年5カ月ぶり、96年に自民党から誕生したのが橋本首相です。橋本氏は外交に力を入れた首相でもありました。沖縄の米軍普天間飛行場の全面返還で合意する一方で北方領土問題の解決にも努力を傾注《けいちゅう》しました。

橋本氏とエリツィン氏はウマが合ったようです。「ボリス」「リュウ」とファースト・ネームで呼び合うまでに親交を深めました。橋本氏が首相になった翌年の97年11月、両首脳はロシア・シベリア中部を流れる大河エニセイ川に沿うクラスノヤルスクで釣りに興じるなど、旧ソ連時代を通じて初めてのスタイルで首脳会談を行いました。この会談での合意は日本側に強い期待を抱かせるものでした。

「東京宣言に基づき、2000年までに平和条約を締結するよう全力を尽くす」

初めて期限を切った目標が設定されたのです。それから5カ月後、今度はエリツィン氏が来日して、温泉で名高い静岡県伊東市の川奈ホテルが二度目の「ボリス・リュウ会談」の舞台になりました。

ここで橋本氏が2000年のゴールを目指して新たな提案を行います。「国境線画定方式」と呼ばれるものです。今は一般に「川奈提案」といいます。その中身はというと、択捉島とそれより北の得撫島の間に国境線を引き、その上で返還までのスケジュールを詰めていくことです。

しかし、この川奈提案からほどなく日ロ両国のトップが交代してしまいます。橋本氏は合意から3カ月後の参院選で自民党が大敗して首相の座を降りました。橋本氏の後を継いだのは橋本内閣の外務大臣として日ロ間の交渉をサポートしてきた小渕恵三氏でした。小渕氏も北方領土問題に強い関心を持っており、首相就任から3カ月後、日本の首相として25年ぶりにロシアを公式訪問しました。

ロシアにはマトリョーシカという有名な民芸品があります。入れ子式のこけしのような人形で皆さんも見たことがあるでしょう。小渕氏は「気配りの小渕」といわれていただけあって、外国訪問の際はことのほか土産品にこだわっていました。小渕氏がこの時ロシアに大量に持参したのが、小渕氏の地元群馬県の高崎だるまでした。マトリョーシカを意識していたのかもしれません。

それはさておいて、小渕・エリツィンの首脳会談ではさらに日ロ間で領土問題が煮詰まっていきました。しかし、エリツィン氏は体調を崩し、翌99年の12月31日、テレビ演説で電撃的な辞任を発表します。エリツィン氏が後任の大統領に指名したのがウラジーミル・プーチン氏でした。

それから3カ月後の2000年4月1日深夜、小渕氏が脳梗塞で倒れ、政治の表舞台から突然姿を消しました。小渕氏は4月下旬にロシアを訪問してプーチン大統領との初めての首脳会談を予定していましたが、キャンセルされました。北方領土問題の解決は、それを推進してきた双方のトップリーダーがいなくなって以降、再び長いトンネルに入りました。

1990年代に北方領土問題が大きく動いた背景には、前述したようにソ連崩壊に伴うロシアの再建に日本の経済協力が欠かせなかったことがあります。ところが日本経済はバブル崩壊、金融危機などに見舞われ後退するばかりでした。これに対して、ロシアは石油や天然ガスなど豊富な天然資源を有したエネルギー大国として経済力を増していきます。ロシアにとって日本の経済力や技術は魅力的ではあっても、以前のように喉《のど》から手が出るほど欲しいものではなくなっていたのです。

こうした状況変化の中では、領土交渉の進展はますます厳しくなってきました。むしろロシア側が積極的に北方領土の開発に乗り出し、返還交渉はハードルがさらに高くなっているのが現状です。

中でも大きな転換点となったのがロシアのメドベージェフ大統領の国後島訪問でした。２０１０年11月のことで、当時の日本の首相は民主党の菅直人氏。ロシアではプーチン氏とメドベージェフ氏の「双頭体制」が始まっていました。メドベージェフ氏は大統領の任期を終えると首相に就任します。大統領に再任されたプーチン氏の指名によるものです。

ロシアは事実上、プーチン氏が圧倒的な権力を掌握《しょうあく》する国なのです。メドベージェフ氏は12年7月にも首相として国後島を訪問、そして15年8月には択捉島を訪れています。このほか副首相や国防大臣らが頻繁に北方領土訪問を繰り返して北方領土の開発、実効支配の度を強めています。これまでの国後島、択捉島に加え色丹島でも滑走路の建設などが行われています。

プーチン大統領来日

こうした状況に風穴《かざあな》を開けようと北方領土交渉に積極的に取り組んでいるのが、12年12月に二度目の首相に就任した安倍晋三首相です。プーチン大統領との首脳会談は、安倍首相が最初に首相になった時から数えると19年1月の会談を含め通算25回になりました。

首脳同士の個人的な信頼関係を築いた上で、「双方が受け入れ可能な解決策」を見出すのが基本方針で、「新しいアプローチ」と呼ばれています。安倍首相は「在任中に領土問題を進展させる」と繰り返し決意を語っており、経済面はもちろん国防の分野でのロシアとの関係強化に乗り出しています。

ただプーチン大統領の国際社会での強硬姿勢によりアメリカやヨーロッパ諸国との間で摩擦が生まれ、日ロ間の交渉にも間接的に大きな影響を与えています。

その象徴的な出来事が14年2月にロシアで開かれたソチ冬季五輪の開会式出席問題でした。ロシアが13年に制定した法律が人権侵害に当たるとして欧米各国が批判、アメリカのオバマ大統領ら各国首脳は開会式への不参加を表明しました。こうした中で中国の習近平《しゅうきんぺい》国家主席らとともに開会式に出席したのが安倍首相でした。首相はソチの大統領公邸で首脳会談を行い、会談後「日ロ関係に新しいページを開いた」と語っています。

この会談ではプーチン大統領がこの年の秋に日本を訪問することで合意しました。しかし実際に大統領の来日が実現したのは16年12月です。その背景にはロシアを中心とする国際情勢の激変がありました。

大きなきっかけになったのは、ソチ五輪が終わった直後にウクライナのクリミア半島にロシアが武装部隊を投入、併合したことでした。もともとクリミアは旧ソ連時代のロシア共和国の一部でしたが、１９５４年にウクライナ共和国に編入されていました。ただ、クリミアにはロシア海軍の「黒海艦隊」が駐留し、ロシア系の住民が多く居留していることも併合の目的とされています。ロシア軍の投入直後に住民投票が行われ、95％以上が編入に賛成したとしてロシアは２０１４年3月18日に併合を正式に宣言しました。

しかし、併合の背景にはウクライナが欧州連合(ＥＵ)との連携を強めていたことへのロシアの反発がありました。このためＥＵやアメリカなどは主要国首脳会議(Ｇ８)からのロシアの締め出しを決めた上で、経済制裁に踏み切りました。安倍首相もロシアが抜けたＧ７の加盟国として制裁に同調することになりました。

つまり安倍首相はＧ７での立場と北方領土交渉をどうしたら両立させることができるかという悩ましい問題に直面したのです。

ようやく実現した16年12月のプーチン氏の来日、会談場所には安倍首相の地元である山口県長門《ながと》市にある老舗《しにせ》の旅館が使われました。「遅刻常習者」として有名なプーチン大統領は予定を2時間以上も遅れて来日しました。そのことだけでもプーチン大統領の姿勢がうかがえました。

首脳外交では、しばしばプレゼントの交換が行われます。安倍首相が用意したのは幕末の日ロ間の交流を描いた「戸田浦《へだうら》における露国軍艦建造図巻」の複製品です。日本との国交を求めて来日した帝政ロシアの全権プチャーチンが乗った艦船が沈没、伊豆半島の戸田(現沼津市)で日本人によって新たな船が建造されました。その時の様子が描かれたものです。プチャーチンは日魯通好条約(下田条約)を結んだロシア人です。前にも触れましたが、この条約によって国境線が得撫島と択捉島の間に引かれたのです。安倍首相の思いは「日ロ交渉の原点に戻ろう」ということにあったと思います。

これに対しプーチン大統領が持参したのは、日ロとは何の関係もないモスクワの風景画でした。安倍首相は旅館の温泉での「裸のつきあい」を考えていたのですが、プーチン大統領は温泉すら入らず、翌日東京に向かいました。両首脳は「共同経済活動」という新しい仕組みを検討することで合意しました。日本とロシア双方の官民が出資して北方領土で共同事業を実施し、これにより徐々に北方領土問題の解決につなげていこうというものです。

その後、17年の安倍首相とプーチン大統領の会談で、①海産物養殖 ②温室野菜栽培 ③観光ツアー開発 ④風力発電の導入 ⑤ごみ減らし対策――の5項目を早期に実現することで合意しています。ただし両国とも自国の法制度の基本を崩さないことを条件にしているため協議は進んでいません。

こうした膠着状態が続くなかで2018年9月に新たな動きが始まりました。まずプーチン大統領がロシア極東のウラジオストクで安倍首相に呼びかけました。

「年内に前提条件なしに、平和条約を締結しよう」

この発言を受けて安倍首相は従来の考えとは違う考えを示しました。11月14日に行われたシンガポールでの日ロ首脳会談でした。

「この信頼の積み重ねの上に領土問題を解決して、平和条約を締結する。1956年(の日ソ)共同宣言を基礎として、平和条約交渉を加速させる。私とプーチン氏のリーダーシップの下、戦後残されてきた懸案、平和条約交渉を仕上げていく決意だ」

その後。安倍首相とプーチン大統領はこれまでにないハイスピードで会談を重ねています。ただ、ロシア側は平和条約を先行させ、領土問題はその後という考えで日本側と根本的に立ち位置が違います。さらに56年宣言は歯舞群島と積丹の2島が対象で、しかも「引き渡す」という表現になっています。またプーチン大統領は2島の主権がどちらに属するかについて交渉で決めるとしています。

日本外交の基本は前にも触れましたが、「領土問題を解決した上で平和条約を結ぶ」というものです。4島については93年の東京宣言で確認済みです。大きく局面が変わったように見えましたが、交渉の行方はそれほど簡単ではありません。

領土問題が劇的に進展する空気は生まれていません。戦後70年以上を経ても最大の懸案である領土問題の展望は一向に見えないのです。今にして思えば、昭和から平成の時代に入り米ソ冷戦構造が崩壊したタイミングがとても大きなチャンスだったようです。しかし平成の時代での解決はできず、解決は「令和」の時代に持ちこされました。

7

平成は自然災害の時代

地震の影響で出火，延焼する神戸市内の建物　©共同

東日本大震災

私は白鷗《はくおう》大学の学期始めの授業で学生全員にアンケートを実施しています。「ニュースを知る手段は何か」などに加えて、次の質問を必ずすることにしています。

「これまでの人生で一番印象に残るニュースは何ですか」

これに対する学生たちの答えは様々です。中には「田中将大《たなかまさひろ》投手のニューヨークヤンキース入団」などもありましたが、群を抜く第1位は「東日本大震災」です。白鷗大学は栃木県小山《おやま》市に所在しています。その地理的要因もあって、北関東出身者とともに多くの東北地方出身者が在学しています。東日本大震災は自らの実体験なのです。年とともに大震災に遭遇した当時の年齢は下がっているのも事実ですが、体験した衝撃の大きさに差はありません。期末試験の答案で大震災に触れる学生の切実、壮絶な体験談に思わず胸が熱くなることもありました。

私自身は国会の衆議院議員食堂で取材中に強い揺れに遭遇しました。2011年3月11日午後2時46分、食堂の高い天井からつり下がっているいくつものシャンデリアは空中ブランコのように大きな弧を描き、食堂で働く職員たちはカウンターに必死にしがみついていました。その時です。備え付けられている大型テレビの画面に、これまで見たことがない字幕スーパーが浮かび上がったのです。

「大津波警報」

それが巨大津波の襲来を告げる第一報でした。あとは目をそむけたくなるような映像が東北地方の沿岸部から次々と飛び込んできました。あっという間に押し流される家々、木の葉のように濁流の上を漂う自動車。言葉では表現しきれない惨状が広がっていました。

震源地は三陸沖。地震の規模を示すマグニチュードは観測史上最大の9・0で、北海道から九州まで日本列島全体が揺れました。最大震度は宮城県栗原市の震度7。その揺れの後に巨大津波が襲来したのです。最大で20メートルを超える想像を絶する高さに達しました。「想定外」「観測史上初」「未曽有」……。首都東京も震度5強の揺れに見舞われ交通網が寸断されました。主要道路は家路を急ぐ人たちで埋め尽くされたのです。

そして東日本大震災はもう一つの悲劇をもたらしました。東京電力福島第一原子力発電所の事故です。「原発は安全」という「安全神話」は一瞬にして崩れ去ったのです。もちろん多くの国民の間では、大きな地震と原発事故が直ちに結びつきませんでした。夜になって政府が原子力災害特別措置法に基づく「原子力緊急事態宣言」を発令してから事態の重大さを知ったのです。

これに伴って、政府は福島県の太平洋側に面した双葉《ふたば》郡《ぐん》大熊町《おおくままち》に立地された第一原発から半径3キロメートル圏内の住民を避難させるように指示を出しました。しかし、問題はその避難誘導の方法でした。今も大きな疑問が残されたままです。避難の最中に被ばくする住民が続出、また高齢者が命を落とすという悲劇が相次ぎました。

原発事故は、翌日になってさらに拡大しました。12日午後3時36分、第一原発の1号機で水素爆発が起きたのです。巨大かつ堅牢《けんろう》な原子炉を守っていた建屋《たてや》は吹き飛び、内部のひしゃげた鉄骨がむき出しになりました。続いて3号機、4号機も爆発しました。地震による大きな揺れとその後の津波ですべての電源を失い、高温の原子炉を冷却できなくなったのです。

原発事故が発生した場合は「止める、冷やす、閉じ込める」といわれていましたが、手も足も出ず、核燃料(燃料棒)が溶けて原子炉圧力容器の底に落ちる「炉《ろ》心溶融《しんようゆう》(メルトダウン)」が起きたのです。原子炉を冷やす冷却水がなくなり空《から》焚《だ》き状態になったのです。しかし、政府がこの事実を公表したのは5月になってからでした。

水素爆発により大量の放射性物質が大気中に放出されました。その拡散の範囲は第一原発から遠く離れた中部地方にまで及びました。政府は第一原発から半径20キロメートル圏内を避難指示区域、20キロメートルより遠い場所でも放射線量の高い地域は計画的避難区域として避難対象地域に指定し、10万人以上の人たちが避難を余儀なくされたのです。事故から約1年後に放射線の年間積算線量に応じて「避難指示解除準備区域」「居住制限区域」「帰還困難区域」に分類され、2014年以降は徐々に避難指示が解除されています。

しかし、原発事故によって故郷を追われた人たちが再び元の形で戻るにはあまりに荒廃がひどく、元通りの生活を始めるのは不可能に近いと言っていいかもしれません。また、政府の指示によって避難した人たち以外に、健康面の不安や心配から自主的に避難した人たちも多数いました。親戚や知人を頼って全国に散ったのです。

原発事故の影響

ただでさえ新しい土地での生活には困難が伴うものですが、こんな悲しい出来事も起きています。「原発いじめ」です。原発事故で福島県から横浜市に避難した生徒が、名前に「菌」をつけて呼ばれるなどのいじめを受けたのです。この生徒は金銭の支払いも強要されていたことが判明、横浜市教育委員会はいじめがあったことを認定しました。この生徒はこんな手記を公表しました。

「しんさいでいっぱい死んだからつらいけどぼくはいきるときめた」

文部科学省は、原発事故や東日本大震災で避難している児童や生徒を受け入れている学校に、面談などを通じて悩みがあるかどうかの確認をするよう求めています。原発事故はこうした罪のない子供たちや人々を追い詰めているのです。

震災から7年以上たっても事故の全容はまだ解明されていません。とりわけ原子炉内に溶け落ちた核燃料(燃料デブリ)の全体像はほとんど分かっていないのが実情です。第一原発は廃炉が決まっていますが、このデブリをどうやって取り出すのか。政府と東京電力は2021年中に取り出しを始めるとしていますが、具体的な手段、方法は手探り状態です。仮に取り出しができたとしても、強い放射線を放つデブリを半永久的に管理しなければなりません。しかし、保管場所、方法については「21年末以降に決定する」とされているだけです。

第一原発では今も1日約6000人の作業員が廃炉に向けた作業に従事しています。このうち約半数の3000人が日々大量に発生する汚染水対策に当たっています。第一原発には毎日大量の地下水が阿武隈《あぶくま》山地から流れ込み、それが汚染水になります。第一原発の周辺におびただしい数のタンクが設置されている光景を見たことがあるでしょう。これらは全て汚染水の貯蔵に充てられています。そこで地下水の流入を少しでも減らすために造られたのが「凍土壁」です。第一原発の敷地を取り囲むように周囲の土を凍らせてしまうのです。

約1年5カ月かけて17年8月に完成しましたが、地下水の流入を完全に止めることはできていません。工事には345億円の巨費が投じられています。

これで驚いてはいけません。16年12月に経済産業省が公表した廃炉費用と賠償金を合わせた見積もり額は21兆5000億円という巨額なものです。日本の1年間の国家予算は約100兆円ですから、その5分の1もの気の遠くなるようなお金が必要なのです。これはあくまでも試算ですから、もっと増える可能性があります。こうしてみると原発事故はまだ終わっていません。現在進行形なのです。

この原発事故は私たち日本人に多くの問題を提起しました。少なくとも原発は「安くて安全」という考えは根底から崩れました。発電方法による組み合わせ方、これを「電源構成」と呼びますが、第一原発事故が起きるまでは原子力と天然ガス火力がほぼ全体の3割ずつ、次いで石炭火力(25%)、風力や太陽光発電などの再生可能エネルギー(9・6%)、石油火力(7・5

%)となっていました。それが現在は原発の運転(期間は原則40年)を前提に、２０３０年の電源構成で原発は「ベースロード電源」(低コストで昼夜を問わず安定して発電する電源)と位置付けられ全体の20~22%を賄うとされています。

しかし、第一原発事故をきっかけに「原子力ゼロ」の意見が広がっています。ドイツのメルケル首相は２０２２年末までにすべての原発を完全に停止する方針を決めました。アジアでも韓国の文在寅《ムンジェイン》大統領が新規の原発建設を白紙に戻すなど、原発政策を全面的に見直す方針を明らかにしました。台湾は脱原発法を可決、２０２５年までに廃炉にすることを決めました。第一原発事故は世界のエネルギー政策にまで大きな影響を与えたのです。

東日本大震災では大津波によって多くの命が奪われました。機会があったら産経新聞朝刊の社会面を見てください。１日も欠かすことなく、「東日本大震災の被害」を掲載しています。「死者１５８９７人、行方不明者２５３３人」。これは２０１９年３月16日付の紙面に掲載された、２０１９年３月１日現在の警察庁がまとめた数字です。まだ２５００人を超える方々が見つかっていません。この数字からも想像を絶する大津波だったことが分かります。奇跡の生還もありましたが、あまたの悲しい出来事は今も私たちの記憶から消えることはありません。

この津波の被害を受けて政府は自衛隊を東北地方に広く展開させました。当時の北沢俊美《きたざわとしみ》防衛大臣は10万人の派遣を決め、さらに陸海空の各自衛隊別だった指揮系統を陸上自衛隊東北方面総監部(仙台市)に一元化しました。地震発生から3日目の最初の訓示で北沢大臣はこのような指示を出しています。

「行方不明者を発見しても死者とは思わないでほしい。ご遺族にお渡しして初めてご遺体になる。大変な任務と思うが、ご遺体には礼を尽くしてもらいたい」

北沢大臣のもとには毎日のように悲しい報告が届きました。

「子供を抱きかかえたまま遺体で見つかった母親の手には母子手帳が強く握られていました」

あまりに悲惨な現実に直面して、泣きながら作業に当たる隊員も少なくありませんでした。アメリカの新聞には、身元不明のご遺体を納めた柩に向かい、整列して敬礼する自衛隊員の写真が大きく掲載されました。

この津波被害の救助活動には米軍も協力しました。作戦司令部は東京都福生《ふっさ》市に所在する横田基地に置かれ、ピーク時で2万人が動員されました。原子力空母「ロナルド・レーガン」も投入され、ヘリコプターによる孤立した集落や被災者の救出、救援物資の輸送を行いました。

こうした支援活動を、米軍は「トモダチ作戦」と呼びました。

復興と津波対策

大津波によって被害を受けた地域は宮城、岩手、福島の3県だけにとどまりませんでした。青森、茨城、そして千葉県でも大きな犠牲と損害を出しました。が、いずれもその後の復興をどうするかについては意見が分かれ、今も議論が続いています。

皆さんも、ぜひ被災地に足を運んでください。例えば仙台市若林区の荒浜地区です。かつては、仙台藩を治めた伊達政宗が造った「貞山堀《ていざんぼり》」と呼ばれる運河が海岸に沿うように掘られ、太平洋の大海原に面した砂浜には松林が連なっていました。まさに「白砂青松《はくしゃせいしょう》」の日本の原風景が広がっていました。その美しい景観と住民の日々の生活を一瞬にして大津波が奪い去ったのです。

しかし、震災の後、多くの時間と5年間で26兆円もの巨額の復興予算を使いながら被災地の生活は元に戻りましたか。お年寄りに平和で心安らぐ生活は戻ったでしょうか。大津波の直撃を受けた多くの場所では土地の嵩上《かさあ》げが行われ、住民の多くは住まいを高台に移そうとしています。巨大な防潮堤の建設も進んでいます。

「海が家から見えない漁師なんているか」

こんな声を聞いたことがあります。1000年に1度と言われる巨大津波に備えて、果たしてそこまでの建造物が必要なのでしょうか。生まれ育ったふる里に帰って暮らしたいと思っておられる高齢者のお気持ちに応えるような復興計画はどこかに行ってしまっていないでしょうか。被災された方々の人生の残された時間を大切にする気持ちがそこに感じられないのです。

和歌山県に広川町《ひろがわちょう》という町があります。ここを舞台に「稲むらの火」という実話をもとにした物語が語り継がれています。世に広めたのは日本に帰化したギリシャ人小説家のラフカディオ・ハーン(小泉八雲《こいずみやくも》)です。幕末にこの地域を安政南海地震が襲います。大津波の襲来を予感した、村の高台に住んでいた庄屋の浜口梧陵《はまぐちごりょう》は、刈り取ったばかりの稲むら(稲の束)に火を放ちました。

「庄屋さんの家が火事だ」

火の手が上がったのを見た村人たちは先を争うように消火のために丘を駆け上がりました。その時です。眼下に広がるのは巨大津波の猛威でした。この逸話には、津波から逃げるには高台に走るしかないという教訓が含まれています。

嘉永7年11月5日(1854年12月24日)にこの大津波が来襲したことにちなんで、国連総会で11月5日が「世界津波の日」として制定されました。和歌山県出身の自民党幹事長、二《に》階俊《かいとし》博《ひろ》氏が世界各国に働きかけた結果でした。

東日本大震災の際も「釜石の奇跡」と呼ばれたドラマがありました。当時、岩手県釜石市に大槌《おおつち》湾に面した小学校と中学校がありました。鵜住居《うのすまい》小学校と釜石東中学校です。

この二つの学校は、常日頃から防災教育と訓練を徹底していました。3・11の際には、まず中学生が自らの判断で校庭に集まり、あらかじめ決めていた避難場所に向かって走り始めます。これに気づいた小学生がその後を追います。しかし、低学年の児童は体力的に劣ります。この児童たちを助けながら中学生と小学生が普段の訓練通りの手順で山道を駆け上がりました。

さらに途中で鵜住居保育園の保育士が園児を抱えながら大型の乳母車を押して行くところに遭遇します。ここでも中学生たちは乳母車を保育士とともに押しました。中学生たちが避難所にたどり着いた時に地域住民の叫び声が聞こえたと言います。

「津波が堤防を越えた」

こうして全児童、生徒、園児など約600人全員の尊い命が救われたのです。このことは自然の猛威に対して堤防など巨大な構造物で立ち向かうのではなく、知恵と経験で自然の猛威をかわすことの大切さを教えてくれています。

これに対して悲しい出来事も多くありました。その中の一つが宮城県石巻市立大川小学校で起きた悲劇です。大地震直後に大川小の児童たちは教職員の指示で校舎から校庭に移動します。ここでかなりの時間を費やしてしまいました。教師の引率で逃げる途中、近くを流れる北上川からあふれ出た津波にのみ込まれてしまったのです。全校児童108人のうち74人、それに教職員10人とスクールバスの運転手の計85人が犠牲になったのです。この悲劇については児童の遺族が石巻市と宮城県を相手に損害賠償請求訴訟を起こしました。一審の仙台地方裁判所、そして控訴審が開かれた仙台高等裁判所も震災前の防災対策に不備があったとして石巻市と宮城県の責任を認め、賠償金の支払いを命じました。これに対して県と市は最高裁に上告しました。遺族は裁判で勝ったとはいえ、かわいい子供たちを失った悲しみは消えることはないでしょう。

東北地方では多くの神社が津波に流されずに残ったといわれています。先人たちの「無言の教え」は今も息づいているように思えてなりません。

東日本大震災の時の日本の首相は民主党の菅直人氏でした。しかし、震災から半年後に退陣します。その後を引き継いだ野田佳彦首相でしたが、こちらも1年3カ月で衆院選挙に敗北して首相の座から降りました。この政権交代選挙の結果、安倍晋三首相が誕生しました。大震災から2年も経たないうちに内閣が三つも生まれたのです。復興がもたついた理由と政治が不安定だったこととは無縁ではありません。

菅内閣の時に東日本大震災からの復興のための施策を一体となって行う復興庁が創設されました。ところが、その職務の最高責任者である担当大臣がころころ代わりました。6年間に7人の大臣が誕生しました。しかも内閣に設置された復興庁は東京・霞が関に置かれているのです。「被災地、被災者に寄り添う」と歴代の政権は繰り返しアピールしていますが、有効に機能しているとはとても思えません。大震災から多くの時間が流れたというのに被災者の生活はどこまで戻ったのでしょうか。中でも福島第一原発周辺の市町村への住民帰還率の低さは今の政策の限界を示しています。

頻発する自然災害

東日本大震災は、その規模、被害のあまりの大きさ、そして原発事故……。将来にわたって語られ、歴史に刻まれる自然災害であることはいうまでもありません。日本人の価値観、人生観を大きく変えた自然災害ともいっていいでしょう。

確かに規模と被害の甚大さで東日本大震災を超えるものは2019年3月の時点では起きていません。ただし、忘れてはならないのは30年間の平成時代はほかにも災害が多発した「自然災害の時代」でもあるということです。

地震だけを例にとっても北海道南西沖地震(1993年)、阪神・淡路大震災(1995年)、中越地震(2004年)、中越沖地震(2007年)、熊本地震(2016年)、大阪北部地震(2018年)が頭に浮かびます。中でも大地震をめぐる日本の防災、災害復旧・復興のあり方を大きく変えたのが阪神・淡路大震災でした。

1995年1月17日午前5時46分。日本で6番目に人口が多い大都市神戸を中心にした兵庫県南部をマグニチュード7・3の大地震が襲いました。戦後では初めてといっていい大都市の直下型地震でした。

揺れはわずか20秒でしたが、このわずかな時間が多くの人命を奪いました。死者の多くは倒れた建物の下敷きになったことによる圧死でした。犠牲者総数6434人。避難所生活を強いられた被災者はピーク時で約32万人にのぼりました。被害総額は約9兆6000億円に達したのです。

地震の揺れのすさまじさに日本国中が息をのみました。西日本の大動脈である阪神高速道路は高架部分が横倒しになりました。山陽新幹線は81日間にわたって新大阪—姫路間が不通になりました。

公共交通網はズタズタに引き裂かれました。地震は火災を誘発して神戸は長田区を中心に火の海と化したのです。消火栓は使用不能となり、空中からの放水や海からの給水などが行われ、必死の消火作業が続けられました。しかし、火の勢いは想像を絶しました。美しい神戸の街は無残な姿をさらしたのでした。

この地震に遭遇したのは、社会党委員長だった村山富市首相を自民党と新党さきがけの2党が支える「自社さ政権」でした。一番大きな問題は初動の遅れにありました。自衛隊法の規定が大きく影響していたのです。当時は自衛隊に災害出動の要請ができたのは都道府県知事だけでした。しかも知事は被災地域、規模、出動を要請する部隊名まで特定しなければならなかったのです。自衛隊は大災害を目の前にして何もできなかったのです。この時の反省から自衛隊法が改正され、大規模地震の際は要請を待たずに救助活動に向かうことが自衛隊の正式任務になりました。

このほかにも制度の欠陥が随所に現れました。

例えば海外からの救助隊の受け入れです。思いもよらぬことが起きました。スイス政府から行方不明者の捜索のために災害救助犬の派遣の申し出が日本政府にありました。ところが、検疫、通訳など様々な問題が横たわり、せっかくの申し出が十分に生かされなかったのです。人命救助は72時間がタイムリミットと言われています。まさしく時間との戦いでしたが、それを阻んだのが様々な規制だったのです。

その一方でこの阪神・淡路大震災で日本社会に新たな文化が生まれました。「災害ボランティア」の制度化です。それまでも自然災害や大火などでボランティアが大きな役割を果たしてきましたが、阪神・淡路大震災をきっかけに多くの国民の意識が変わりました。

全国からリュックサックを背負い、公共交通機関が寸断された神戸を目指して、徒歩あるいは自転車で被災地入りする若者を中心とした人々が物心両面で被災者の支えになったのです。その数は約138万人ともいわれています。「ボランティア元年」という言葉も生まれました。

この年には災害基本法が改正され「ボランティア活動」の法整備が進みました。その後も大きな災害が起きると、全国から多くのボランティアが被災地に集結して地域の再生、復興に大きな役割を果たすことになりました。


地震だけではありません。台風や火山の噴火による被害も平成の時代に入ってから頻発しているように思えます。火山では長崎県の雲仙普賢岳《うんぜんふげんだけ》の噴火(1991年6月)、長野と岐阜の県境にそびえる御嶽山《おんたけさん》の噴火(2014年9月)では多くの犠牲者が出ました。東京都・伊豆七島の三宅島の噴火(2000年9月)による二酸化硫黄の放出で東京都の石原慎太郎《いしはらしんたろう》知事は全島民の避難を決断しました。避難解除は5年後の05年2月まで待たねばなりませんでした。15年に起きた鹿児島県の口永良部島《くちのえらぶじま》の火山噴火でも全島民が避難しています。

水害も平成時代に多発しました。白鷗大学も15年9月に近くを流れる思川《おもいがわ》があふれ、校舎に大きな被害が出ました。この時は鬼怒川《きぬがわ》でも堤防が決壊したことを皆さんも覚えているでしょう。今や地球温暖化の影響もあって、ゲリラ豪雨などによる中小河川の氾濫《はんらん》による水害も目立ちます。

２０１８年の世相を1字で表す「今年の漢字」が「災」でした。新潟県中越地震などがあった２００４年に続いて2度目となりました。思い出してください。18年には大阪北部地震、西日本豪雨、さらに台風21号では関西国際空港が孤立し、多くの旅行客がターミナルビルに閉じ込められました。その後も北海道胆振東部地震が発生し、多くの犠牲者と被害を出しました。

被害拡大の背景には自然の猛威に加えて戦後の高度成長期に建設された高速道路や鉄道、橋など様々な公共施設の老朽化があります。少子高齢化という社会構造上の変化の中で自然災害とどう向き合うのかも今を生きる私たちに課せられた大きな課題の一つです。

8

中国の台頭と日中関係

天皇陛下を案内する楊尚昆主席 ©共同

G7

「G《ジー》 7《セブン》」という言葉を聞いたことがあるでしょう。国際政治や経済などで大きな影響力を持つ民主主義国家の7カ国を意味します。「主要国」とも言われます。日本もその一員で毎年開催される主要国首脳会議(G7サミット)に首相が参加します。日本以外ではアメリカ、イギリス、フランス、ドイツ、イタリア、カナダがメンバーです。

もともとは、1973年に起きたオイルショックとそれをきっかけに始まった世界不況をどう乗り切るかについて協議するために生まれた会議です。フランスの呼びかけでアメリカ、イギリス、西ドイツ、フランス、日本の首脳による会議に形を変え、75年に「先進国首脳会議」として第1回会合がフランスのランブイエという都市で開かれました。その際にはイタリア、カナダの姿はなく、「G5」と呼ばれていました。

91年のソ連崩壊を受け、94年からロシアの参加が始まり98年に「G8」になります。ただロシアは軍事力を背景にした政治力に比べ経済規模は小さく、サミットの呼び方も「先進国首脳会議」から「主要国首脳会議」に変わりました。

しかし、ロシアは２０１４年３月にウクライナのクリミア半島を軍事力により併合したためＧ８から締め出されています。この年は冬季五輪が開かれたロシアのソチで「Ｇ８サミット」が開かれる予定でしたが、急きょベルギーのブリュッセルで「Ｇ７サミット」が開催され、ロシアに対する経済制裁が決議されました。

時代は前後しますが08年にリーマン・ショックという金融、経済危機が世界を直撃する事態が起きました。これに向き合うにはＧ８だけでは極めて難しくなっていました。21世紀に入って急速に経済力を増してきた中国を筆頭に韓国、インドなど「新興国」と呼ばれる国々の協力がなければ危機を克服できない状況になっていたからです。そこで退任直前だったアメリカのブッシュ大統領が提唱したのがこれらの国々を加えた20カ国による「Ｇ20首脳会合」でした。

第1回「Ｇ20首脳会合」はワシントンで開催されました。ちなみにアジアで最初にＧ20首脳会合が開かれたのは10年の韓国ソウル、その後もトルコ、中国で開催されましたが、日本が議長国になるのは19年に大阪で開催予定の会議が最初になります。Ｇ７はかつてのような影響力を失いつつありＧ20が世界経済の行方を決める存在となっていると言ってもいいかもしれません。

このほかにも国際情勢に多大な影響を与える国際組織に国際連合があります。

この国連の中枢機関に位置付けられるのが安全保障理事会(安保理)です。国連憲章に定められ、世界の平和と安全の維持に大きな役割を果たしています。安保理は常任理事国5カ国と選挙で選ばれた10カ国の非常任理事国で構成されています。中でも常任理事国は「P5」と呼ばれ絶大な権限を持っています。「P」は「permanent」(永続的)の頭文字です。つまり国連が存続する限り、その地位を与えられているのです。

国連は1945年に第二次世界大戦に勝利した連合国が中心になって創設されました。そのP5がアメリカ、イギリス、フランス、ソ連(当時)、中華民国の5カ国です。国連創設時には中華民国(台湾)が常任理事国でしたが、71年に中華人民共和国(中国)が国連に正式加盟を認められ権限が移りました。ソ連は91年の解体に伴って現在のロシアがメンバーに名を連ねています。

天安門事件

このP5は拒否権という強大な権限を持っています。国際的な平和と安全に関する案件の決議についてはP5の1カ国でも反対すると、何も決められなくなります。またP5は核兵器の保有国でもあります。世界の平和と安全に最も重い責任と影響力を持つのがこのP5といってもいいと思います。

中でも21世紀に入ってめきめきと存在感を発揮するようになったのが中国です。そこで生まれた言葉がアメリカと中国を指す「G2」です。

背景には世界最大の約14億人の人口と飛躍的な経済発展があります。その象徴的な出来事が2017年11月9日、北京で行われたアメリカのトランプ大統領と中国の習近平国家主席との米中首脳会談での習主席の発言です。

「太平洋には中国とアメリカを受け入れる十分な空間がある」

習主席の発言は太平洋を挟んだ二つの大国で太平洋を支配しましょうという意思表示といっていいでしょう。

しかし、平成の時代が始まった1989年の中国はまだ混乱の中にありました。それを象徴したのが「天安門事件」でした。北京の中心部にある天安門広場に学生や一般市民が集まり民主化を求める大きなデモが行われました。これに対して中国政府は人民解放軍を出動させ、デモ隊に多くの犠牲者が出たのです。戦車の前に立ちはだかる学生の映像が全世界に流れ、欧米を中心に中国の人権問題に対して批判が集中しました。

その直後にフランス革命から200周年の記念日に合わせてフランスのパリ郊外で先進国首脳会議(アルシュ・サミット)が開催されました。私も現地でこのサミットを取材しましたが、議論は天安門事件に集中したことを覚えています。

天安門事件直前の日中関係は今と違い、日中友好ブームに沸いていました。経済的に立ち遅れていた中国が、すでにバブル期を迎えていた先進国・日本から学ぼうと、人的交流に力を入れ、日本企業の進出を熱烈歓迎したためです。そうした状況下で、弾圧事件は起きました。

民主主義と人権を重んじる立場から中国を非難する欧米と、経済的な結びつきを深める中国との間で、どうバランスを取るべきか。アジア唯一のサミット参加国である日本は、極めて難しい判断を迫られたのです。当時の宇野宗佑首相は、①中国当局による弾圧については厳しく非難する ②中国を国際的に孤立させないよう各国に呼びかける――という姿勢でサミットに臨みました。しかし最終的には欧米に歩み寄る形で、政府高官レベルでの接触禁止などを盛り込んだ「中国に関する宣言」の採択に同意し、西側との協調体制を維持しました。

サミットで採択された「中国に関する宣言」では、二国間における閣僚ら政府高官の接触停止、世界銀行による新規融資の審査延期などが明記されました。宇野首相がアジアの立場を主張したことは確かでしたが、結果的には西側の一員としての協調を優先した形になったのです。

このため中国に対する経済協力の再開など日中関係を改善するタイミングは極めて難しい状況になりました。ここで動いたのが天安門事件の直前に首相の座を退いた竹下登元首相です。竹下氏は当時の中国の最高実力者だった鄧小平《とうしょうへい》氏との太いパイプを持つ親中派のリーダー的存在でした。竹下氏はこう発言しています。

「何が何でも国会議員が中国に行かねばならぬ」

9月になって天安門事件後、世界で最初に日本の国会議員団が北京を訪れました。この中にまだ自民党の中堅議員だった二階俊博現幹事長がいました。二階氏が中国に幅広い人脈を持ち、訪中すれば習近平国家主席との面会ができるのはこうした過去の行動があるからなのです。この議員団訪中をきっかけに再び日中関係は改善に向かうことになります。

と同時に中国側も徐々に天安門事件の混乱から、経済発展に向けて大きく舵《かじ》を切ることになります。この経済発展のキーマンが鄧小平氏です。私も1985年3月、北京の人民大会堂で自民党訪中団との会談を取材した際に身近でその姿を見ました。小柄ながら広い肩幅のがっちりした体格と大きな声。そして会談中もタバコを手から離すことなく、広い人民大会堂全体の空気を変えるような存在感のある政治家でした。

この鄧小平氏が推進したのが経済の「改革・開放政策」です。従来の中国は共産党一党支配の下で計画経済による国家運営をしていましたが、鄧氏は市場経済原理を大胆にとり入れていきます。人民公社は解体して個人経営を認め、広東省の深圳《シンセン》に代表される経済特区を作り積極的に外国資本の導入を図ったのです。鄧氏の有名な言葉が残っています。

「黒い猫でも、白い猫でも、鼠《ねずみ》を捕るのが良い猫だ」

そして鄧氏は天安門事件後も低迷した経済の立て直しの先頭に立ちます。事件から3年後の92年1月、中国南部の視察の旅に出ます。湖北省、広東省、上海市など各地で改革・開放の加速を呼びかけたのです。いわゆる「南巡講話《なんじゅんこうわ》」と呼ばれるものです。外資導入による経済発展をさらに求め、ここから中国経済の飛躍が始まりました。

ただ、同時に大気汚染や格差社会など経済発展とともに深刻な社会問題も拡大しました。鄧氏が南巡講話を行った年の大型連休に竹下氏が訪中して「日中友好環境保全センター」の起工式が行われています。大気汚染対策のための研究施設の建設が始まりました。約100億円の建設資金は日本政府が無償で供与したのです。90年代前半の日中関係はまだそういう状況にありました。

天皇訪中

さらに1992年という年は戦後の日中関係でも極めて大きな出来事がありました。天皇、皇后両陛下の中国公式訪問です。この年の4月に来日した中国共産党の江沢民《こうたくみん》総書記（のちの国家主席）から宮沢喜一首相に対して正式に天皇訪中の招請が行われたのです。宮沢首相は即答を避けてこう答えています。

「陛下のご意向も伺ってご返事をする」

日本国憲法では「天皇は国政に関する権能を有しない」と明記されていますので、厳密に言えば宮沢首相の判断次第で答えることも可能でした。しかし、自民党内や文化人を含む国民の中にも根強い反対論が存在していました。多くの反対論は天皇陛下の訪中が中国側に政治的に利用されるのではないかというものでした。天安門事件から3年。中国の傷ついた国際的イメージの回復に天皇訪中が利用されることへの懸念でした。また反対論の中には、天皇が外交活動されることへの憲法上の疑義を指摘する声もありました。

ただ、宮沢首相自身は「だいたいお願いをしようかなという気持ち」だったと振り返っています。さらに大きなポイントは天皇陛下ご自身の判断があったように思われます。宮沢氏は回顧録でこう語っています。

「陛下ご自身が関心をお持ちだったものですから、お気持ちがお進みでいらしたと思うんですが、それがなんとなく伝わっていて、それじゃあ自分たちがそれをお止めするようなこともよくない」

宮沢首相の最終判断で訪中が正式に決まったのは8月になってからでした。天皇、皇后両陛下が中国の大地を踏まれるのは戦後のみならず長い皇室の歴史でも初めてのことでした。10月23日から28日までの6日間にわたる天皇訪中はこうして実現したのです。出発の日の朝、宮沢首相は記者団の質問に「お大事に行ってらっしゃってくださいということを願っています。ご平安を祈っています」とコメントしました。今振り返っても宮沢氏の緊張した表情がよみがえってきます。

中国滞在中の天皇陛下は楊尚昆《ようしょうこん》国家主席、李鵬《りほう》首相、江沢民氏ら要人と相次いで会談しました。ハイライトは23日夜、北京の人民大会堂で開かれた国家主席主催の晩餐会での天皇陛下のお言葉でした。

「わが国が中国国民に対し多大の苦難を与えた不幸な一時期がありました。これは私の深く悲しみとするところであります」

これまでの天皇の戦争をめぐるお言葉は昭和天皇を含めて、「不幸な時期」「不幸な過去」など、やや客観的に引いた立ち位置からの表現が続いていましたが、ここでは「私」という表現で日本が与えた戦争の惨禍《さんか》を反省するお言葉になったのです。

しかし、この訪中によって近隣諸国との間の戦争責任をめぐる双方の溝が完全に埋まることはありませんでした。天皇陛下の韓国訪問はいまだに実現していません。ただ、この日中国交正常化20年を機にした天皇訪中の歴史的意味が消えることはないと思われます。両陛下は北京だけでなく西安、上海を訪問、28日に帰国されました。宮沢首相は「ほっとしました。天気も良くて肩の荷が下りました」と語りました。

歴史認識をめぐって

天皇訪中は戦争責任問題について日本政府が積極的に動くターニングポイントになりました。宮沢内閣は1993年7月の衆院選挙で自民党が敗退して倒れ、政権交代が行われますが、内閣総辞職の直前に元従軍慰安婦に関する河野洋平官房長官談話(河野談話)が発表されます。

「心身にわたり癒しがたい傷を負われたすべての方々に対し心からお詫《わ》びと反省の気持ちを申し上げる」

さらに宮沢首相に代わって就任した細川護熙首相は最初の記者会見で太平洋戦争についての認識を明らかにしました。

「私自身は侵略戦争であった、間違った戦争であったというふうに認識しております」

過去の歴史への反省とけじめを明確にした初めての首相でした。歴代の自民党政権では「侵略的事実を否定することはできない」(竹下首相)、「私はそういう(侵略戦争との)認識を持っている」(海部首相)というややあいまいな言い方をしてきましたが、細川首相はそこを明確にしたのです。

そして社会党委員長だった村山富市首相になって戦後50年の節目の年に発表されたのがいわゆる「村山談話」です。

「先の大戦が終わりを告げてから、50年の歳月が流れました」。こんな書き出しで始まる談話は戦争責任を明確にしたのです。

「わが国は、遠くない過去の一時期、国策を誤り、戦争への道を歩んで国民を存亡の危機に陥《おとしい》れ、植民地支配と侵略によって、多くの国々、とりわけアジア諸国の人々に対して多大の損害と苦痛を与えました。私は、未来に過ち無からしめんとするが故に、疑うべくもないこの歴史の事実を謙虚に受け止め、ここにあらためて痛切な反省の意を表し、心からのお詫びの気持ちを表明いたします。また、この歴史がもたらした内外すべての犠牲者に深い哀悼の念を捧《ささ》げます」

村山首相は自身が徴兵を体験した最後の世代に属します。自民党は与党に復帰しており、当時から村山談話に対して反対する意見が根強く存在しました。そして、日中関係は時を同じくして隙間《すきま》風《かぜ》が吹き始めます。中国の江沢民国家主席が「愛国主義教育実施要綱」を制定して「反日教育」を徹底したのです。それによって中国では反日感情が高まり、日本でも中国に反発する空気が生まれました。

それを象徴したのが98年の江沢民氏の来日でした。日本の首相は小渕恵三氏。11月25日、中国の国家元首としては初めての国賓でした。江沢民氏は日本政府の歴史認識に強いこだわりを見せたのです。小渕首相との首脳会談でもこの問題に多くの時間が費やされました。この会談では21世紀に向けた両国関係の新たな枠組みを描いた「平和と発展のための友好協力パートナーシップの構築に関する日中共同宣言」が発表されましたが、まとまるまでには両首脳による激しい応酬が繰り広げられたのです。

共同宣言で日本側は「過去の一時期の中国への侵略によって中国国民に多大な災難と損害を与えた責任を痛感し、これに対し深い反省を表明した」として、日中の外交文書の中で初めて「侵略」の事実を認めました。これに対して江沢民氏は「謝罪」の明記を求めたのです。江氏に先立って、韓国の金大中《キムデジュン》大統領の来日の際の日韓共同宣言で韓国国民に対する「痛切な反省と心からのお詫び」が明記されていたからです。小渕内閣は過半数を持たない少数与党政権だったため、ここで中国側に譲歩すれば、自民党内の反発で政権がもたなくなると判断していたのです。このため「お詫び」は宣言に盛り込まないとの姿勢を貫き通しました。

ただ、この共同宣言では台湾問題について「中国は一つであるとの認識を表明する。日本は、引き続き台湾と民間及び地域的な往来を維持する」と表明、「一つの中国」を初めて文書化しました。

過去の歴史認識は、日中戦争を戦った中国にとって、極めて敏感な問題です。その後も歴史認識をめぐって反日デモなどが繰り返されたのです。日中間の深い溝の存在を暗示する来日でした。

そして2001年4月に小泉純一郎首相が誕生すると、さらに日中関係は歴史認識をめぐって対立が激化することになります。小泉首相は自民党総裁選挙で自民党の有力支持団体である日本遺族会に対して「首相になったら靖国神社に参拝する」と約束したのです。現実に小泉氏は在任した5年5カ月の間に毎年一度は靖国神社に参拝しました。特に首相を退くことが決まった06年には8月15日の終戦記念日に参拝しています。

靖国神社への首相参拝をめぐり中国は、当初は関心を抱いていませんでした。靖国神社がA級戦犯を合祀《ごうし》したと報じられた1979年以降も大平正芳首相と後任の鈴木《すずき》善幸《ぜんこう》首相が参拝しましたが、中国政府は反応していません。

変化が生じたのは85年です。当時の中曽根康弘首相が8月15日に公式参拝したのに対し、中国政府は「人民の感情を傷つけた」として日本に抗議したのです。中国側の反発の激しさを感じた中曽根氏は以後、在任中の参拝を取りやめました。その後は現職の首相、外務大臣、官房長官については中国側が「参拝しないという紳士協定があった」と主張しています。

小泉首相は首相に就任した2001年は8月15日を避けて13日に参拝しました。

「私は数多くの戦没者に対して哀悼の誠をささげようと思っていた。特別にA級戦犯とか特定の個人に対してお参りしたわけではございません」

小泉首相は参拝に際してこう話していましたが、中国の反日感情は激しくなるばかりでした。2004年8月には、北京でサッカー・アジアカップの決勝戦を観戦した日本の駐中国公使の公用車が多数の中国人に襲われるトラブルが発生しました。日本が中国を破って優勝したことに憤ったファンが暴れたのです。翌05年4月には北京、上海、広州で大規模な反日デモが起き、群衆の投石で大使館や領事館の窓ガラスが壊されるなどの被害が出ました。邦人が襲われて負傷する事件も起きました。

さらに沖縄県尖閣諸島に中国人7人が上陸したのも04年3月のことでした。中国船の船体には「ここは中国の領海」などと書かれた横断幕が掲げられていました。沖縄県警は入管難民法違反の容疑で7人を現行犯逮捕しました。中国政府は即時釈放を要求、県警は送検を取りやめ中国に強制送還して、かろうじて外交問題への発展を回避したのでした。このころから中国国内ではインターネットなどで広まる「反日世論」が折に触れて〝暴走〟するようになりました。

新たな緊張関係

こうした反日世論の背景には中国の驚異的な経済発展がありました。

中国の国内総生産(GDP)は2003年以降、5年連続で2けたの成長率が続き、07年の実質GDP成長率は11・9％でした。その後も高い成長を維持して、アメリカに迫る経済大国になっていきます。しかし、その一方で貧富の格差や環境汚染などが深刻化したのもこのころです。その不満のはけ口を求めて「反日」に向かう大きな要因になったとされています。

5年5カ月の小泉長期政権が終わると、06年9月に安倍晋三首相が誕生します。安倍首相が最初に決断したのが中国、韓国訪問でした。首相就任からわずか9日後に歴訪が発表されました。中国とは前年の4月を最後に首脳会談が途絶えていました。ここでもキーワードは「靖国神社」でした。安倍首相は靖国参拝について「あいまい戦術」を取り続けていました。

「参拝するかしないか、いつ行くか、行かないか、申し上げるつもりはない」

これについて安倍首相は「政治的困難を克服するために適切に対処していきたい」と述べて、中国側を納得させています。この訪中で確認されたのが「戦略的互恵関係」の構築です。国際的課題で日中両国が共通利益を追求するというもので今も日中関係の四つの基本文書の一つとされています。他の三つは、①国交正常化の際の日中共同声明(72年)②日中平和友好条約(78年)③平和と発展のための友好協力パートナーシップの構築に関する日中共同宣言(98年)――です。

そして２０１０年、中国は日本を抜いてＧＤＰが世界第2位の経済大国になったのです。自ずと日中関係は新たな段階に入りました。しかし、それは共存共栄というよりは新たな緊張関係を生じさせることになったのです。

具体的には中国の海洋進出という形で現れました。日本では安倍首相に始まって福田康夫、麻生太郎という3人の首相が1年で交代し、民主党に政権が移るという政治の不安定化と、リーマン・ショックという経済危機のダブルパンチを受けている最中にそれは現実のものとなりました。最初に表面化したのは東シナ海での中国の天然ガス田開発問題です。日本が主張する排他的経済水域(ＥＥＺ)の中国との境界線付近で中国が一方的に開発を進めたのです。日本側は共同開発を提案しましたが中国側が応じなかったため、日本政府は05年になって日本の企業に試掘を許可し、外交問題に発展しました。その後、08年に両国は共同開発で合意、条約締結交渉に入りましたが、交渉は中断し再開のめどが立たないまま中国の単独開発が進んでいます。

そして10年9月7日に尖閣諸島周辺で中国漁船衝突事件が起きました。この時の映像がのちに公となり、尖閣諸島の領有権主張を強める中国の実態を日本人の多くの知るところとなりました。中国籍の漁船が海上保安庁の巡視船に体当たりしてきたのです。これに対する日本政府の対応にはあまりに一貫性がありませんでした。まず日本側は海上保安官が漁船に立ち入り検査を行い、中国人船長を公務執行妨害の容疑で逮捕し、那覇地方検察庁に送検しました。さらに石垣簡易裁判所は勾留《こうりゅう》延長を決定したのです。

ところが那覇地検は24日になって突然、船長を処分保留で釈放、25日未明に船長はチャーター機で帰国しました。この処分決定に当たって那覇地検は異例の説明を行ったのです。

「わが国国民への影響と今後の日中関係を考慮すると、これ以上、身柄の拘束を継続して捜査を続けることは相当でないと判断した」

検察庁が刑事処分の判断に当たって外交的配慮に触れたのです。事件発生直後から中国側は繰り返し抗議し、船長の釈放を要求、それと並行して閣僚級交流の停止を発表、人気グループSMAPの上海公演延期、中国から日本へのレアアース（地球上の限られた地域にしかない金属資源の一つ）の輸出停止など次々と対抗措置をエスカレートさせたのです。

23日深夜には中国河北省で日本の建設会社の日本人社員4人が軍事管理区域に侵入、ビデオ撮影をした疑いが持たれ、中国当局に拘束されていることが伝えられました。10月に入ると中国国内で反日デモが続発、拡大していったのです。

中国漁船衝突事件は菅直人内閣の時に起きましたが、尖閣問題は次の野田佳彦内閣になってさらに複雑な展開をみせます。野田首相が尖閣諸島の国有化に踏み切ったのです。発端は12年4月に当時の石原慎太郎東京都知事が民間人が所有していた尖閣諸島を東京都が買うと言い出したことでした。石原都知事はそのための資金を公募しました。10億円を超えるお金が瞬く間に集まったのです。石原氏は一貫して中国に対して厳しい姿勢を貫いてきた政治家として知られていました。危機感を抱いた野田首相は尖閣諸島の国有化を決断しますが、その理由についてこう語っています。

「石原都知事に尖閣を渡してしまった時のマイナスを考えたら国はもたないと思った」

日本政府が国有化に踏み切ったのはその年の9月11日でした。この直前にロシアのウラジオストクで開かれた国際会議の場で野田首相と中国の胡錦濤《こきんとう》国家主席が立ち話をする機会がありました。ここで胡主席は厳しい言葉を首相に放ちました。

「日本がいかなる方法で釣魚島を買おうと、それは不法であり、無効である。断固反対する」

以来、尖閣問題はエスカレートする一方です。中国の艦船が領海侵犯するのは日常茶飯事と言ってもいい状態です。尖閣国有化の直後に中国共産党では指導部の交代がありました。トップに就任したのが習近平氏です。習氏は翌13年3月に国家主席に就任、6月のアメリカのオバマ大統領との米中首脳会談では世界のリーダーとしての存在感を強くアピールしました。

アメリカに対して、アジア太平洋地域での中国の権益《けんえき》を尊重するよう要求したのです。中国は太平洋だけでなく南シナ海の南沙《なんさ》諸島に対しても領有権を主張するなど中国の海洋進出は新たな緊張をアジア地域に持ち込んでいます。

さらに経済分野でも習氏は中国を拠点に陸路と海上の二つのルートで現代版のシルクロード経済圏の構築を目指す「一帯一路《いったいいちろ》」構想を発表しました。その構想を支えるために中国が設立したのがアジアインフラ投資銀行（ＡＩＩＢ）です。

「ＡＩＩＢ」は新興国の道路や発電所などのインフラ整備を資金面から支援する国際金融機関で15年12月に設立されました。韓国や東南アジア諸国連合（ＡＳＥＡＮ）加盟国、ドイツや英国など57カ国でスタート、初代総裁の金立群《きんりつぐん》氏は元中国財政次官です。日本とアメリカは組織の運営方法などが不透明だとして参加を見送っていますが、中国の台頭を無視できなくなりつつあります。しかも習主席はこれまでの2期10年という国家主席の任期を憲法を改正して撤廃、さらに延長できるようにしました。習氏に権力を集中させているのです。

「競争から協調へ」

一方の日本は２０１０年9月の中国漁船衝突事件をきっかけに、中国や北朝鮮をにらんだ防衛力の強化に乗り出しました。菅内閣は離島侵攻への機動対処に力点を置いた「防衛計画の大綱」を決定。そして12年12月に安倍晋三首相が二度目の首相に就任すると、日米同盟を一層強化する方針を打ち出しました。日本単独では太刀《たち》打《う》ちできない中国に対抗するため、世界最強の軍事力を誇る米国と防衛面で一体化する必要があるとの発想が根底にあります。

安倍内閣はこうした考え方に基づき、米国の信頼を勝ち取ろうと、地球規模で自衛隊が米軍を支援できるよう日本の安全保障体制の抜本的見直しを図りました。これが15年9月の安全保障関連法です。同時に、米側に「尖閣を守る」と約束するよう要請します。14年4月の日米首脳会談でオバマ大統領から、米国には日米安全保障条約に従って尖閣を防衛する義務があるとの言葉を引き出しました。

経済面では、日本が中国経済圏に組み込まれないよう、米国などと新たな自由貿易圏をつくる環太平洋連携協定(TPP)に16年2月に署名。外交面では「自由、民主主義、基本的人権、法の支配、市場経済を基調とする基本的価値観を共有する国々との連携を強める」とした価値観外交を提唱し、「対中国包囲網」をつくるべく各国に働きかけました。

しかし、日増しに影響力を強める中国との関係を重視する各国は、中国をけん制することに軸足を置く日本に、必ずしも足並みをそろえてくれませんでした。むしろ、遠くない将来に米国を追い抜き世界最大の経済大国になると言われる中国との関係を優先する国が目立ってきているのが実情です。

こうした情勢の下、安倍首相は18年5月に李克強《りこくきょう》首相が来日した際、対中戦略の抜本的見直しを表明しました。日中関係について「競争から協調へ」という新たな方針を打ち出したのです。

この協調路線は、習近平国家主席が巨大経済圏構想「一帯一路」をめぐり北京で17年5月に開いた国際会議に、安倍政権を代表して自民党の二階俊博幹事長が参加したことに端を発します。一帯一路に関し「中国の覇権主義の表れではないか」と疑い、距離を置いてきた日本が、中国への協力姿勢を示した形になりました。

さらにこれに先立つ17年9月、安倍首相は在日中国大使館主催の中国の建国記念日(国慶節《こっけいせつ》)と日中国交正常化45周年を祝う式典に出席し、習主席の早期来日を中国に呼びかけ、習氏側から一定の評価を得ました。そう遠くない将来にアメリカを抜いて世界最大の経済大国になる中国と、いつまでも力で張り合うのは得策でないと考え、安倍首相なりに融和路線に舵を切りつつあるようです。

日本の安全を脅かす北朝鮮の核・ミサイル・拉致問題の解決は、中国の協力抜きに実現できないという実情も、安倍首相の対中政策に影響を及ぼしています。安倍首相は18年5月に東京で開催した日中韓首脳会談で、拉致問題解決に向けた連携を中韓両国に呼びかけました。その行動は予測不能といわれるトランプ氏がアメリカの大統領に就任し、米中関係の今後が見通せなくなったことも、安倍首相の「対中接近」の要因になっているとの見方もあります。

確かにトランプ大統領は2018年に入ると、中国を標的にしたかのように中国製品に対する関税の強化策を次々に打ち出しました。それだけでなく中国の通信機器大手の華為技術(ファーウェイ)の経営幹部をカナダ政府に要請して身柄を拘束する事件が起きました。米中の貿易戦争はますます厳しさをましています。いずれにせよ、就任当初は中国への対抗意識をあらわにしていた安倍首相が、当初の強硬路線を大幅に軌道修正しつつあるのは明らかです。

2010年のGDPの日中逆転から今や中国のGDPは約1400兆円と、約540兆円の日本とは2倍以上の差がついているのです。

平成元(1989)年の天安門事件の混乱から中国は大変貌を遂げました。

軍事費の伸びも著しいものがあります。スウェーデンのストックホルム国際平和研究所が発表した17年の世界の軍事費はアメリカが群を抜く第1位で約6100億ドル(約66兆円)、次いで第2位が中国で、およそ２２８０億ドル（約25兆円）です。アメリカの伸び率がほぼ横ばいだったのに比べ、中国は5・6％増。ちなみに日本は約5兆円で、世界で第8位です。中国人旅行客の訪日人数は16年で６００万人を超え、その買い物は「爆買い」といわれました。14億人もの人口を抱える超大国の道をひた走る隣国の動向はあらゆる面で日本に大きな影響を与え続けています。

日本国内で実施した各種世論調査では、台頭する中国への好感度は芳しくありません。中国が共産党一党支配体制で、言論統制を強めている国家である現状を考えると、やむを得ない部分もあります。しかし、日本と中国は隣国同士です。どんな摩擦があろうとも、日本列島ごと引っ越すわけにはいきません。中国も大国とはいえ、国を構成するのは、私たちと同じく、一人ひとりの個人です。この地域と平和と安定のため、互いにどう友好を深め、知恵を出していくのか。日中の垣根を越え、みんなで考えていきたい課題だと思います。

9

振幅激しい日韓関係

平昌冬季五輪のスピードスケート女子500メートルで優勝した小平奈緒選手と2位の李相花選手 ©共同

友好と緊張

韓国の平昌で開催された2018年2月の冬季五輪。多くの日本人選手が活躍しましたが、皆さんにとって最も心に残るシーンは何でしょうか。

私はスピードスケート女子500メートルでオリンピック・チャンピオンに輝いた小平奈緒《こだいらなお》選手が2位となった韓国の李相花《イサンファ》選手をいたわるように抱きかかえてリンク上で声をかけた光景です。小平選手は日の丸を羽織り、李相花選手は韓国の国旗である太極旗を手にしていました。李選手は過去に五輪二連覇を果たし、その時点での世界記録保持者でした。

試合後、小平選手は李選手にどんな言葉をかけたのかとメディアの取材を受け、こう答えています。

「よくやったね。今も尊敬しているよ」

なぜこのシーンに多くの人が涙したのでしょうか。「スポーツは素晴らしい」と言ってしまえばそれまでのことですが、その背景には平昌五輪を舞台に国際社会の思惑が渦巻き、政治が色濃く影を落としていたからでしょう。「政治五輪」と言われても仕方がないものでした。特に日本と韓国の関係はこじれきっており、両選手の自然な振る舞いに救われる思いがこみ上げてきたのです。

日韓関係は平成の時代だけを切り取ってみても、「友好と緊張」を繰り返してきました。しかもその振れ幅が大きいのが特徴です。最大の要因は戦前の日本による35年間の朝鮮半島の植民地支配と、1950年に米ソ冷戦下で起きた朝鮮戦争の結果、分断国家が生まれたという「過去の歴史」が複雑に絡み合っているためです。

53年に朝鮮戦争の休戦協定が成立して、北緯38度線を停戦ラインとして軍事境界線が設定されました。これより北が北朝鮮(朝鮮民主主義人民共和国)、南が韓国(大韓民国)です。この両国は軍事的には長く対立関係にありました。

韓国は国内に米軍基地を受け入れ、アメリカと軍事同盟を結んでいます。毎年、米韓合同軍事演習が行われ、そのたびに北朝鮮が激しく反発します。北朝鮮の核兵器と弾道ミサイルの開発はこれに対抗するためです。日本はアメリカとの間に日米安全保障条約を結び、強固な日米同盟を築いています。そこで北朝鮮に向き合う際に、しばしば「日米韓の連携」という言葉が登場します。

その一方で朝鮮半島には国家分断によって南北で家族同士が離ればなれになっている現実があり、南北統一という悲願があります。このため韓国には「韓国統一省(部)」、北朝鮮には「祖国平和統一委員会」がそれぞれ設けられています。この二つの機関は、いわゆる「南北対話」の窓口なのです。

さらに南北朝鮮には国家体制に際立った違いがあります。韓国は民主主義国家で任期5年の大統領が国民による直接投票で選ばれます。これに対して北朝鮮は建国の父と呼ばれる金日成《キムイルソン》氏に始まり、金正日《キムジョンイル》氏、金正恩《キムジョンウン》氏の3代にわたる権力の世襲が行われてきた独裁国家です。このため北朝鮮は「体制維持」が大きな目標になるのです。逆に韓国は南北対話を重視する大統領か、米韓同盟重視の大統領かによって外交方針が大きく変わることになります。

当然、このことが日韓関係に決定的な影響を与えます。ただし南北朝鮮には戦前の植民地支配に由来する日本への共通感情があります。日本には在日韓国人、在日朝鮮人が多数住んでいます。これに加えて中国の台頭など様々な要素が絡み合って、日韓関係はネコの目のようにくるくる変わるのです。

日韓の間に横たわる竹島(韓国名・独島《ドクト》)の領有権問題や元慰安婦問題なども、植民地時代そして第二次世界大戦の終戦処理、日韓国交正常化に至る中で生まれ、いまだに決着できない懸案となっています。

竹島について言えば、日本が主権を取り戻したサンフランシスコ講和条約と密接に絡んでいます。条約は1951年9月8日に調印されました。この条約で日本の領土が決まりました。竹島は島根県隠岐《おき》郡隠岐の島町に属しています。江戸時代に幕府の許可を受けて日本人がアシカ猟やあわび漁をしたのが始まりと言われています。

ところが、サンフランシスコ講和条約が発効する52年4月の直前に、韓国の李承晩《イスンマン》大統領が一方的に韓国の主権が及ぶ水域を設定すると宣言したのです。これを「李承晩ライン」と呼んでいます。そのラインの韓国側に竹島がありました。これが領有権問題の発端です。

翌年には海上保安部の巡視船が銃撃されたり、日本の漁船が韓国側に捕まる事件も起きました。日本としては竹島はもともと日本の領土で、サンフランシスコ講和条約でも放棄した領土ではないため、李承晩ラインは国際法に違反していると主張しています。これに対し韓国側は自国の領土であるとして、54年から警備隊を常駐させ、軍の支配下に置きました。これを実効支配と言います。

竹島は二つの島というより岩礁《がんしょう》と言った方が正確です。ただ周辺の海は暖流と寒流が交わるため日本海では有数の好漁場となっており、経済的な価値は高く、両国の主張がぶつかり合う大きな背景にもなっています。

１９０５(明治38)年2月22日、日本政府が竹島を島根県に編入した歴史があり、島根県は編入から１００年になる機をとらえて２００５年に2月22日を「竹島の日」とする条例を定めました。

これに対し韓国側が強く反発しました。毎年、この日は松江市で島根県主催の「竹島の日」の式典が開かれますが、会場周辺には韓国の抗議団体が押し寄せ騒然とした雰囲気に包まれます。さらに竹島をめぐって日韓関係が険悪になったのは12年8月10日、当時の李明博《イミョンバク》大統領が竹島に上陸してからです。もちろん韓国大統領としては初めてのことでした。日本政府は強く抗議しましたが、対立は埋まっていません。文在寅大統領も野党議員時代に竹島に上陸しています。

慰安婦問題

そしてもう一つ歴史問題に絡むのが慰安婦問題です。

竹島問題もそうですが、日韓関係を考える上で大きなポイントがあります。１９６５年の国交正常化の際に結ばれた「日韓基本条約」です。日本の首相は佐藤栄作氏、韓国は朴正熙《パクチョンヒ》大統領でした。朴大統領は植民地時代に日本の陸軍士官学校を優秀な成績で卒業、戦後は韓国の軍人としてクーデターを指揮し、63年に大統領に就任しました。日本に知人が多かったことも正常化の大きな要因でした。

この基本条約締結の際に、日本は韓国に対して総額8億ドルの援助資金を提供しました。同時に両国は互いに植民地時代の債権、債務について「完全かつ最終的に解決された」とする日韓請求権協定を結んだのです。ただ請求権の具体的な対象について明言されていません。このため韓国政府は旧日本軍の慰安婦や日本で被爆して韓国に戻った被爆者の人たちは「解決された対象ではない」との立場を取っています。

この食い違いがその後の慰安婦問題につながっています。ちなみに韓国は日本の資金提供をきっかけに経済が飛躍的な発展を遂げることになります。これは、ソウルを流れる漢江《ハンガン》の名前から、「漢江の奇蹟」と呼ばれています。

79年に朴大統領が暗殺され、朴時代は幕を閉じます。この朴大統領の長女がのちに韓国初の女性大統領となった朴槿恵《パククネ》氏です。朴正熙大統領暗殺後も全斗煥《チョンドファン》氏、盧泰愚《ノテウ》氏と軍人出身の大統領が2代続きました。

盧泰愚大統領は大統領直接選挙制の導入など「民主化宣言」を行った大統領として知られています。この盧大統領が92年1月、宮沢喜一首相とソウルで行われた日韓首脳会談で慰安婦問題を取り上げました。これに対して宮沢首相は調査を約束し、その際にこう発言しています。

「朝鮮半島出身の慰安婦の募集や経営に旧日本軍が関与していた事実は否定できない。改めて慰安婦の方々が筆舌に尽くしがたい辛苦をなめられたことに対し衷心《ちゅうしん》よりお詫びと反省を申し上げたい」

慰安婦問題が政治問題化したのは、91年12月に元慰安婦が裁判で日本政府を訴えたことがきっかけでした。

これを受けて日本政府は東京で朝鮮人元慰安婦との面談を行ったほか、93年7月にはソウルで韓国人元慰安婦からの聞き取り調査を実施したのです。

盧大統領の後を継いだ金泳三《キムヨンサム》大統領は慰安婦問題について「日本に物質的補償を要求しない」としながらも真実の究明を強く求めました。これに対して日本政府が発表したのが、いわゆる「河野談話」です。宮沢内閣の官房長官だった河野洋平氏(のちの衆院議長)が慰安婦についての報告書をまとめ、日本側の認識を談話の形式で発表したのです。

談話では韓国側が主張する強制連行によって慰安婦の人たちが集められたことを明確に認めた上で、「官憲等が直接これに加担した」として河野長官は公式に謝罪しています。

これに対して日本国内では「強制」の事実が確認できておらず、「河野談話によって日本は不名誉を負っている」など河野談話の見直しを求める声が今も根強くあります。

一方、韓国側では日本の戦争責任を追及する立場から、国の関与を認めたのなら補償をするべきだとの反日デモが激化する事態になりました。

そこで戦後50年に当たる1995年に政権を担っていた村山富市首相は「女性のためのアジア平和国民基金」(略称・アジア女性基金)を創設しました。幅広く募金を集め、その基金を「償い金」として直接元慰安婦の人たちに渡すことになりました。対象は韓国だけでなくフィリピン、台湾、インドネシア、オランダの元慰安婦で、約200人に対し、それぞれ200万円が支払われることになったのです。基金方式がとられたのは日韓請求権協定の枠を超え、新たに国として個人補償を行うのは将来に問題を残すとの判断があったからです。

しかし、韓国側に受け取りを拒否する元慰安婦が少なくなく、事業は2007年3月末で終了しました。その一方で韓国国内では11年になってソウルの日本大使館前に慰安婦を象徴する少女像が建てられました。今も少女像は道路を挟んで反対側の歩道上にあります。高さ約1・2メートル。少女がいすに座り日本大使館を見つめています。像の横にはテントが張られ、若者たちが像を守るように常時座っているのです。

少女像に関しては、ウィーン条約に照らしても大きな問題があるとして、日本政府は韓国政府に対して強く抗議するとともに撤去を求めています。ところが韓国では新たに釜山《プサン》に設置されたり、アメリカやフィリピンという他国にも設置され、新たな火種になりました。

そこで15年12月、岸田文雄《きしだふみお》外務大臣と韓国の尹炳世《ユンビョンセ》外交部長官の間で元慰安婦について合意が成立しました。合意の内容は「心からのお詫びと反省の気持ち」を表明した上で、日本政府が10億円を拠出してソウルに韓国政府が財団を創設して、その財団を通じて元慰安婦の人たちに支援金が手渡されることになったのです。日本政府がこだわったのが、これで慰安婦問題に終止符を打ちたいということでした。合意にはこう記述されています。

「この問題が最終的かつ不可逆的に解決されることを確認する」

少女像についても尹氏は「関連団体と協議し、適切に解決されるよう努力する」と述べて、事実上撤去を約束しました。「不可逆的」とは、後戻りはしないということです。

歴史認識問題をどう乗り越えるか

ところが合意した当時の朴槿恵大統領がスキャンダルで退任し、文在寅大統領が誕生すると、再び蒸し返しが始まります。文氏は「加害者の日本政府が「終わった」と口にしてはならない」と述べています。日本側は「サッカーにたとえると、ゴールポストを動かすのと同じ」と強く反発しました。

日韓関係は国交正常化から半世紀を経てもなお歴史問題を抱え、行きつ戻りつを繰り返している状態にあります。もちろんすべてが立ち止まったままということではありません。韓国は1988年のソウル五輪開催後は飛躍的な経済発展を遂げています。サムソン、ヒュンデ、LG、ポスコといった世界的な企業も生まれています。当時の竹下登首相は、日本が64年の東京五輪を境に経済大国に飛躍したことを例に「日本がいつか来た道」と語り韓国にエールを送っていました。特に90年代後半は日韓関係が急速に進展した時期でもありました。中でも小渕恵三首相と韓国の金大中大統領時代です。

金大中大統領は73年、東京のホテルで韓国の情報機関に拉致された金大中事件の当事者でした。日本語が上手で私も2007年2月にソウルでインタビューをしたことがありますが、苦難の人生を乗り越えた風格のようなものを感じました。その金大中大統領が98年10月に来日して小渕首相との首脳会談で共同宣言を発表しました。この中に首脳による相互訪問(シャトル外交)を定期的に行うことが明記されました。実行に移されたのは小泉純一郎首相になってからで、２００９年を最後にその後は行われていません。

また、金大中氏は「韓国で日本文化を開放していく」という方針を表明、日韓の大衆文化の交流が始まりました。今では当たり前のようになっているテレビの韓流ドラマのテレビ放送もこの時の合意から始まります。

そして02年のサッカーW杯は日韓で共同開催されました。ソウルで行われた開会式には小泉首相が出席しています。

もちろん共催がすんなり決まったわけではありません。国際サッカー連盟(ＦＩＦＡ)で02年大会の開催国を決める際に最初に手を挙げたのは日本でした。次が韓国です。ところがほかに立候補する国がなく日韓が激突する事態になります。いろいろな利害関係が複雑に絡み合いましたが、最終的に隣国同士がともに手を携えて大会を運営する共催方式に落ち着きました。この背景には日韓両国の政治家同士の信頼関係がありました。日本側では日韓議員連盟会長だった竹下登元首相、韓国側は金泳三政権で首相を務めた朴泰俊《パクテジュン》氏らの人脈が大きく事態を動かしました。日韓共催が決定したのは１９９６年のＦＩＦＡの総会でしたが、韓国は翌97年、アジア通貨危機に巻き込まれて経済的苦境に陥りました。そこで日本政府が動いて30億ドルの融資を行い韓国でのスタジアム建設ができたのです。こうした日韓をつないできた双方の実力者が相次いで他界し、外交を側面支援、補強するパイプが細くなったことが日韓関係がギクシャクする背景にあるとみて間違いないでしょう。

そして無視できないのが韓国政治の激しさです。大統領が退任すると自身や親族が刑事事件で訴追されることが続いているのです。これまでも全斗煥、盧泰愚、李明博の3氏が退任後に逮捕され、朴槿恵氏は罷免《ひめん》後に逮捕されています。盧武鉉《ノムヒョン》氏は収賄容疑で捜査中に自殺しました。

北朝鮮との関係についても、これを重視する大統領とアメリカとの関係に重きを置く大統領がほぼ交互に現れます。このことも、外交の継続性という点からも日韓関係を難しいものにしています。安倍晋三首相と朴槿恵大統領の間で決着した慰安婦をめぐる日韓合意についても、文大統領は就任直後から否定的な考えを示していました。

「韓国国民の大多数が情緒的に受け入れられない」

日韓合意に基づいて設立された「和解・癒し財団」も2018年11月、韓国政府は、解散し事業を中止すると発表しました。それだけではありません。日本の最高裁判所に当たる韓国大法院は太平洋戦争中に日本の企業に動員された韓国人の元徴用工と呼ばれる人たちが日本企業に損害賠償を求めた裁判で日本企業側の敗訴が確定しました。前にも触れました１９６５年の日韓国交正常化の際に結ばれた日韓請求権協定で日本政府は一切の賠償義務はないとの立場です。このため判決を受けて日本政府は韓国政府に強く抗議をしました。この徴用工裁判に端を発した関係悪化は令和の時代になってさらに厳しさを増しています。その一方、文大統領は北朝鮮の金正恩朝鮮労働党委員長との対話路線に大きく舵を切り、軍事境界線上の板門店で二度も南北首脳会談を行いました。さらに史上初めてのアメリカのトランプ大統領と金委員長による米朝首脳会談を仲介しました。日韓関係は従来の構図とは全く異なる力学で動き始めています。

しかし、日韓は切っても切れない関係にあります。多くの若者たちが両国を自由に行き来し、新しい時代の到来も予感させますが、歴史認識の問題をどう乗り越えていくことができるのかという問題はそう簡単に解けません。天皇陛下の韓国訪問が今も実現できていないことがそれを象徴しています。

10

ゴールの見えない日朝関係

日朝首脳会談前に金正日総書記と握手する小泉首相 ©共同

拉致問題

「恒久的な非核化を実現するため、金正恩委員長と会う」

２０１８年３月８日。アメリカのトランプ大統領の決断が国際社会に大きな衝撃を与えました。核兵器とミサイルの開発を続け、アメリカと厳しく対立してきた北朝鮮。双方が激しく批判し合い、戦争の危機すら感じさせていた米朝関係が好転する可能性が出てきたのがこの日です。確かに北朝鮮は年々ミサイルの改良を重ね、アメリカの脅威となってきたのは事実ですが、北朝鮮との問題は日本の方がはるかに深刻です。しかし、日本は戦後70年以上たっても国交正常化すら実現できていません。閉ざされた日朝関係は、いつ窓が開くのでしょうか。平成の時代に決着できなかった大きな外交課題の一つです。

２０１７年３月６日朝、菅義偉内閣官房長官が慌ただしく首相官邸に姿を見せました。この日の午前7時34分、北朝鮮が弾道ミサイル４発を連続して発射したからです。しかもこのうちの３発は日本の排他的経済水域（ＥＥＺ）に落下しました。４発同時に打ち上げ、正確に日本海に落下させたことに対し安倍晋三首相は「新たな脅威」と述べて強い懸念を表明しました。

その後も北朝鮮は核・ミサイルの開発をやめることはなく、約5カ月後の7月28日深夜には、アメリカ本土にも到達できる大陸間弾道ミサイル（ＩＣＢＭ）の発射に成功しました。「近くて遠い国」との関係改善は依然として霧の中にあります。

その北朝鮮との外交が本格的に動き始めたのも平成に入ってからです。一時は「日朝新時代」の到来を思わせる時期もありましたが、時代を刻む時計の針は止まったままです。


戦後の日朝関係改善に首相として最初に動いたのは竹下登首相でした。昭和から平成への橋渡しを担い、消費税の導入を実現した首相がここでも登場します。その竹下首相は消費税が導入される直前の１９８９（平成元）年の3月、国会答弁の中で北朝鮮を、日本の首相として初めて「朝鮮民主主義人民共和国」という正式名称で呼びました。北朝鮮に対して「話し合いを始めましょう」というメッセージでした。この直後に当時の日本社会党の書記長を務めた田辺誠《たなべまこと》氏が訪朝しています。それは単なる友好親善訪問ではありませんでした。日朝間の国交正常化に向けた第一歩を踏み出す隠された狙いがありました。

しかし、日朝間には闇に包まれた問題が潜んでいました。前年の88年3月の参議院予算委員会で答弁に立った梶山静六国家公安委員長は日本海側の海岸で相次いで起きていた「アベック失踪事件」についてこう述べています。

「北朝鮮による拉致の疑いが十分濃厚」

日本政府として初めて拉致問題について北朝鮮が関わった可能性に触れたのです。ところが、この梶山氏の答弁について各メディアは大々的に報じることをしていません。日本のメディアでは産経新聞が80年に初めて日本人拉致事件を報じましたが、大きな広がりにならず、時間だけが空費されてしまいました。このため北朝鮮による国家的犯罪である拉致問題は、その情報すら国民全体に共有されていなかったのです。メディアの責任が問われても仕方がない、失態と言っていいと思います。

まだ13歳で中学生だった横田めぐみさんが新潟市内の自宅近くの海岸で拉致されたのが77年11月。すでにその時点で10年以上が経っていました。皆さんもめぐみさんの救出を訴えて全国を飛び回る両親の横田滋《よこたしげる》さんと早紀江《さきえ》さんの姿をテレビで見たことがあると思いますが、むしろ、当時、日朝間の人道問題として注目されていたのは、山口県下関の貨物船「第18富士山丸」の船長と機関長が1983年11月にスパイ容疑で北朝鮮当局に身柄を拘束されたことにありました。この2人を帰国させることが外交上の最優先課題の一つでした。

竹下首相は89年6月に退陣し、実際に対北朝鮮外交が動き出したのは2代後の海部俊樹首相の時です。国交のない国との外交交渉では、まず政党あるいは個人的に相手国の政府と関係をつないできた個々の議員が地ならしを行い政府間の交渉につなぐ手順が踏まれることがよくあります。「政党間交流」「議員外交」などと呼ばれます。

北朝鮮外交で、その先陣を切ったのが自民党の金丸信元副総理でした。竹下氏とは子供同士が結婚、共通の孫を持つ親戚関係にありました。その金丸氏は社会党の田辺元書記長とは党派を超えて信頼関係を築いていました。前にも触れましたが、田辺氏には北朝鮮とのパイプがあり、90年9月、金丸氏と田辺氏、つまり与党である自民党の大実力者と野党第一党の最高幹部を団長にした訪朝団が首都平壌《ピョンヤン》に向かったのです。2人には日本の新聞、テレビの記者も同行しました。

金丸訪朝団

金丸氏ら日本の訪朝団を迎えたのは北朝鮮で「偉大なる首領様」と呼ばれた最高指導者の金日成国家主席でした。金日成主席の子息が金正日朝鮮労働党総書記、そして今の最高指導者である金正恩朝鮮労働党委員長は孫にあたります。

金丸氏と金主席との会談は2人の名前から「金・金会談」と呼ばれました。この会談の結果、「第18富士山丸」の船長と機関長が釈放されるなど、意味のある訪朝になります。ただ「金・金会談」で発した金丸氏の発言が帰国後物議を醸《かも》し、さらにその後の日朝交渉に大きな影を落とすことになります。

「戦後45年間の謝罪、十分な償い」

この表現が日本による植民地支配に対する賠償にとどまらない新たな賠償の表明とみなされたからです。また拉致問題に触れなかった点も、金丸訪朝団が批判される要因となりました。ただ金丸氏の訪朝には成果がありました。国交正常化交渉が開始されたことです。

しかし、この交渉は拉致問題が大きな障害になって、わずか1年半で中断されることになります。竹下内閣が発足した直後の1987年11月に大韓航空機爆破事件という大きなテロ事件がありました。中東のアラブ首長国連邦(UAE)のアブダビを離陸、韓国のソウルに向かっていた大韓航空機がインド洋上で爆破され、乗客乗員115人全員が死亡しました。その大韓機に時限爆弾を仕掛けた実行犯が金賢姫《キムヒョンヒ》という女性の北朝鮮工作員で、偽造した日本のパスポートを所持していました。驚きはそれだけではありません。逮捕後の取り調べで金賢姫に日本語を教えていたのが李恩恵《リウネ》と呼ばれていた女性で、78年に東京で拉致された田口八重子《たぐちやえこ》さんだったことが判明したのです。

日本との対話

91年5月に北京で開かれた第3回国交正常化交渉で日本側が「李恩恵」の問題を持ち出します。これに対して北朝鮮側は激しく反発しました。その後も交渉は翌92年11月の第8回まで続きましたが、改めて日本側が拉致問題の真相解明を求めた時点で北朝鮮側は激怒して席を立ってしまいました。こうした北朝鮮の反応は、北朝鮮の国家機関が拉致に深く関与していたことを窺わせました。

ところが、この中断から3年後の95年3月、自民党など訪朝団が平壌に入り、国交正常化交渉の早期再開をうたった合意文書が交わされます。なぜ北朝鮮の態度が変わったのでしょうか。国際情勢の変化です。北朝鮮問題を考えるときは必ず国際情勢の動きを頭に入れておいてください。

皆さんも中学、高校の歴史の授業で習ったと思いますが、第二次世界大戦後の国際秩序はアメリカとソ連という二つの超大国が向き合う「米ソ冷戦構造」という力の均衡で維持されてきました。1950年には朝鮮戦争が勃発し、同じ民族同士が銃口を向け合いました。韓国はアメリカを中心とした国連軍が支援し、北朝鮮にはソ連と建国したばかりの中華人民共和国(中国)が後ろ盾となりました。その結果、朝鮮半島に分断国家が生まれました。

53年7月に合意された休戦協定が分断を固定化したのです。この協定に署名したのがアメリカと北朝鮮、中国でした。北緯38度線付近に軍事境界線が引かれ今も事実上の国境になっています。その境界線上には「軍事停戦委員会本会議場」が建っています。旅行や仕事でソウルに行く機会があったら、ツアーがありますからぜひその建物がある板門店《パンムンジョム》に足を延ばしてみてください。厳しい国際社会の現実を肌で感じることができます。

本題に戻ります。なぜ北朝鮮が日本との対話に舵を切ろうとしたのか。最大の要因は91年のソ連の崩壊です。そしてこれに先立って中国で起きた「天安門事件」です。民主化を求める学生らを中国当局は戦車まで投入して武力弾圧しましたが、中国は国際社会から孤立し、危機的な状況にありました。さらに中東では90年にクウェートに侵攻したイラクのサダム・フセイン大統領がアメリカ軍の圧倒的な軍事力の前に降伏に追い込まれました。北朝鮮が「明日はわが身」と思っても不思議はありませんでした。

そこで北朝鮮が力を入れ始めたのが核開発です。80年代から核兵器の原料となるプルトニウム生産に着手してはいましたが、93年になって核拡散防止条約(NPT)からの脱退を宣言します。NPTは米ソ英仏中の国連安保理常任理事国以外は核を持つことを禁じた条約です。ここからの脱退は核保有国入りを目指す意思を示すことでもあります。これに強く反発したのが当時のクリントン米大統領でした。

一時は北朝鮮への空爆を決意します。韓国や日本の反対で中止されますが、クリントン大統領は特使として民主党の先輩でもあるジミー・カーター元大統領を平壌に派遣しました。94年6月、カーター氏は金日成主席との会談を行い、核開発凍結で合意するのです。

ここで北朝鮮は大きな教訓を得たといわれています。独裁国家として生き残るには、国際社会のトップ・リーダーであるアメリカとの直接対話を実現すること、そのためには核開発をやめるわけにはいかないということです。これが北朝鮮の「瀬戸際外交」の始まりです。ギリギリまで緊張を高めることで相手の譲歩を引き出すのです。

カーター元大統領の訪朝により、北朝鮮は核爆弾の原料となるプルトニウムの抽出が容易な原子炉の建設・運転を凍結する代わりに、新たな約束を取り付けました。米国が核関連施設を軽水炉に転換し、その完成までは代替エネルギーとして年間50万トンの重油を供給するというものです。この軽水炉建設と重油の費用負担は日本と韓国が請け負うことになりました。そのために「朝鮮半島エネルギー開発機構（ＫＥＤＯ）」という組織まで作られました。この94年10月の一連の合意は「米朝枠組み合意」と呼ばれていましたが、ＫＥＤＯは２００５年に解散されています。北朝鮮が密かに核兵器開発を進めていたからです。

歴史の足取りは、常に私たちの想像もできないようなことでその流れを大きく変えます。私も実際にそれを肌で感じたことがあります。１９９４年、カーター氏の訪朝直後のことでした。私は6月末に就任したばかりの村山富市首相に同行して、イタリアのナポリで開催された先進国首脳会議（ナポリ・サミット）の取材をしていました。村山首相は就任直後で心労も重なったのでしょう。7月8日夜、参加国の首脳による晩餐会の席で体調を崩し、現地の病院に緊急入院しました。場合によっては現職の首相が海外で長期入院することも想定されました。徹夜の取材、東京本社との連絡、原稿執筆を終えて、私は疲労困ぱいでホテルのベッドに転がり込みました。ところがほどなく同僚記者に叩き起こされたのです。

「北朝鮮の金日成主席が急死しました。至急起きてください」

幸い村山首相の症状は軽く、翌日のサミット会合に復帰しましたが、世界の目はサミットではなく北朝鮮に注がれていました。

すでに息子の金正日氏が次期指導者になることは決まっていましたが、正式に最高指導者になるまでにはかなりの時間と手順を要しました。97年になってようやく朝鮮労働党中央委員会総書記、国防委員長に就任、名実ともに最高指導者になりました。金主席死去から3年も費やしたのです。

金正日氏は権力の掌握が一段落すると2000年6月に韓国の金大中大統領と初の南北首脳会談を行いました。さらにイタリア、イギリスなど西欧諸国との国交正常化を実現、開放政策を推進します。同時に国家の政策として何より軍事を優先させる「先軍政治」を掲げ、密かに核・ミサイル開発を進めていました。そして北朝鮮を取り巻く状況を一変させる事件が起きます。01年9月11日の米中枢同時多発テロです。5章でお話ししましたが、ニューヨークのシンボルでもあった世界貿易センターのツインタワーがハイジャックされた旅客機によって破壊されました。テロの標的はさらにワシントンの国防総省にも及びました。このテロ事件をきっかけにアメリカのブッシュ大統領はイラク、イランと並んで北朝鮮を「テロ支援国家」に指定、

「悪の枢軸」と呼んで経済的な制裁を強化しました。

初の日朝首脳会談

この9・11同時テロでブッシュ大統領が強い信頼を寄せたのが小泉純一郎首相でした。小泉首相はテロが起きた2週間後にニューヨークに飛び、紺色のジャンパー姿でテレビカメラに向かって発信しました。

「テロに屈せず毅然《きぜん》として戦う」

北朝鮮はこの日米関係を見逃さなかったようです。水面下の日朝交渉がこのころから本格化したのです。約1年間にわたって秘密交渉が続き、その回数は二十数回に及んだことを当時交渉に当たった元外交官が書き残しています。事態は一気に動きました。2002年8月30日。福田康夫官房長官が定例の記者会見で衝撃的な発表を行います。

「小泉総理は9月17日、北朝鮮の平壌を訪問して金総書記との間で会談を行うこととなった。北朝鮮側が拉致問題や安全保障上の問題などの解決に前向きな対応をすることが必要だ。金総書記本人に直接働きかけを行い、局面を打開することになろう」

史上初の日朝首脳会談が行われることになったのです。会談まで約半月。私たちマスコミ側も経験したことのない準備に追われました。平壌に向かった日本メディアの記者はカメラマンを入れて１２０人。１９７２年の日中国交正常化交渉の時の80人を大きく上回りました。通常は政府専用機に記者団も同乗して行きますが、この時は異例の形が取られました。首相に密着取材する首相番の記者以外は全員がチャーター機で前日に現地入りしてその時を待ったのです。

小泉首相が小雨の降る羽田空港を飛び立ったのは午前6時45分すぎ。飛行時間は2時間45分。同行した政治家は安倍晋三官房副長官(のちの首相)ただひとり。平壌国際空港は東京とは打って変わって抜けるような青空がひろがっていました。空港では金永南《キムヨンナム》北朝鮮最高人民会議常任委員長が出迎えました。

金委員長は金正日総書記に次ぐ北朝鮮ではナンバー2の地位にある実力者で、今も健在で２０１８年２月に韓国で開かれた平昌冬季五輪の開会式に北朝鮮の代表団を率いて韓国入りした際の映像が日本でも繰り返し放映されました。

さて、史上初めての日朝首脳が顔を合わせた会談場所は百花園《ペッカウォン》迎賓館でした。金丸信・金日成主席会談が行われた場所と同じです。首脳会談に先だって、双方の外交官同士による準備会談が開かれました。ここで北朝鮮側が突然、Ａ４版２枚のペーパーを日本側に提示したのです。

そこにはこう書かれていました。

「5人生存、8人死亡」

日本人拉致被害者の消息を伝える衝撃的な情報が記されていました。安否情報はハングルで書かれていて、氏名のほかに生年月日、「死亡者」については死亡年月日が記載されていました。この「死亡者リスト」には横田めぐみさんの名前もありました。同行した安倍官房副長官はこのリストを見せられて「心が震えた」とのちに話しています。

当時の随員の1人は北朝鮮側の盗聴を防ぐため、テレビの音量を最大限に上げた控え室でどう対応するか、協議を行ったと証言しています。協議の核心は拉致問題について最高指導者の金正日総書記に責任を認めさせ謝罪させることにありました。結論は「拉致を認めない場合は席を立って帰国する」というものでした。

さらにこの協議中にもう一つのドラマが進行していました。日本側の外交官が北朝鮮側に案内されて平壌の高層アパートの一室を訪ねていたのです。そこには横田めぐみさんの娘という少女が立っていました。少女はキム・ヘギョン(ウンギョン)と名乗り、めぐみさんの形見だというバドミントンのラケットと、めぐみさんが20歳の時に撮影したというカラー写真を手にしていました。

めぐみさんの面影を宿す利発な少女の存在は日本社会を大きく揺さぶりました。この日から10年以上の時を経て、キム・ヘギョンさんは2014年3月、モンゴルの首都ウランバートルでめぐみさんの両親との面会を果たしています。この際にヘギョンさんは女の赤ちゃんを連れており、横田夫妻はひ孫とも同時に対面したのです。しかし、めぐみさんの消息はいまだに分かっていません。

拉致被害者の帰国

話を小泉首相訪朝に戻します。日本側は生存者として伝えられた5人と面談し、全員が日本への帰国を希望しました。こうした面談が続く中で午後の首脳会談が始められました。小泉首相は厳しい口調で切り出しました。

「日本国民の利益に責任を持つ者として大きなショックで、強く抗議する。家族の気持ちを思うといたたまれない」

金正日総書記も覚悟を決めていたと思われます。

「この場で遺憾なことであったことを率直にお詫びしたい。二度と許すことはない」

初めて北朝鮮側が拉致を認め、謝罪をしたのです。これを受けて両首脳は拉致・核・ミサイルを包括的に解決することをうたった日朝平壌宣言に署名しました。しかし北朝鮮の核・ミサイルの開発はその後もやむことなく進められ、国際社会の強い批判を浴びることになります。ただこの時点では共同宣言に国交正常化交渉の再開が盛り込まれ、日朝関係は大きく前進するものと見られていました。

この会談から約1カ月後の10月15日、生存が確認された拉致被害者5人が帰国を果たしたのです。ただし、大きな問題がありました。5人は再び平壌に戻ることを約束させられていたからです。いわば「一時帰国」だったのです。

これに「待った」をかけた政治家がいました。安倍官房副長官です。これをきっかけに安倍氏は将来の首相候補の1人として注目を集めることになります。

政府は5人を日本にとどまらせました。その一方で北朝鮮との関係は再び混迷の道に入り込みます。まずは5人の拉致被害者が平壌に残してきた家族を引き取るという課題を解決しなければなりませんでした。2年後の2004年になってようやく小泉首相が再び訪朝して平壌にいた7人の家族を連れ帰り、日本でともに暮らせるようになりました。日本政府は帰国した5人以外に横田めぐみさんをはじめとした12人を拉致被害者として認定していますが、帰国の実現どころか現状すら分かっていないのです。さらに拉致被害者以外にも、北朝鮮による拉致の疑いが完全には排除できない特定失踪者の問題も未解決のままです。

14年5月、スウェーデンの首都ストックホルムで日朝の外務省局長級協議が開かれ、北朝鮮側は拉致被害者の再調査をするための特別調査委員会を設置することを約束しました。二度目の小泉訪朝から満10年が経っていました。調査期間は「1年をめど」としましたが進展は見られず、北朝鮮は翌年7月、再調査には「今しばらく時間がかかる」と日本側に伝達、それ以降は交渉すら行われていません。

なぜ拉致問題が一向に進展しないのか。それは北朝鮮が核およびミサイルの開発をやめようとせず、拉致問題が国際的な安全保障問題と絡み合い、二国間だけでは調整できないことがあります。

03年に発足した「6カ国協議」もその一つです。朝鮮半島の非核化を目的とする多国間協議で、議長国の中国のほか、北朝鮮、韓国、日本、米国、ロシアで構成する会議です。05年に北朝鮮の核放棄を盛り込んだ共同声明を出しましたが、08年に非核化の検証方法をめぐり協議は事実上決裂、中断したままです。前にも触れましたが、北朝鮮は金正日総書記時代になって

「先軍政治」という軍重視の政治方針を掲げました。さらに09年には憲法が改正され「先軍政治」は国家の指導的指針になりました。

核実験とミサイル発射

これより先の２００６年10月９日、北朝鮮は初めての地下核実験を行っています。当時、私は共同通信の平壌支局を開設するために現地入りしており、この実験に遭遇しました。北朝鮮側から直接通告された時の衝撃は今も忘れることができません。

「わが国の科学研究部門は安全で成功的に地下核実験を行いました」

北朝鮮の脅威はまた新たな段階に入ったのです。しかし、金正日総書記は11年12月に死去します。そして後継指導者の金正恩朝鮮労働党委員長もこの路線の継承を表明しました。むしろ金委員長の方が父親の路線をさらに先鋭化させたといっていいでしょう。

核実験は17年９月までに計６回を数えました。この６回目の実験による爆発規模は約１６０キロトンです。広島や長崎に投下された原爆は20キロトンといわれていますからその威力は計り知れません。

核弾頭を搭載する弾道ミサイルの開発にも力を注ぎ日本のほぼ全域を射程に収める中距離弾

道ミサイル「ノドン」を実戦配備しているほか、新型ミサイルの製造を進め、日本海への発射を繰り返しました。17年7月4日と28日に発射した弾道ミサイルはアメリカ本土に届く大陸間弾道ミサイル(ICBM)とみられています。

北朝鮮はミサイル発射だけでなく、言葉でも強くアメリカを刺激しました。例えば新型中距離弾道ミサイル「火星12」4発を同時に米軍基地のあるグアム島沖30～40キロの海上に撃ち込む案を検討していると表明しました。北朝鮮は「核保有国」であると主張することで、アメリカと対等な立場で外交に臨む戦略とみられています。

これに対してアメリカの歴代大統領の対北朝鮮政策には一貫性に欠けるところがありました。例えば「テロ支援国家」の指定です。ブッシュ大統領は自身の任期切れが迫った08年に日本側の反対を押し切って解除したのです。

日本政府の拉致問題解決に向けた基本方針は「対話と圧力」です。アメリカの「テロ支援国家」の指定は日本にとって北朝鮮を対話の場に引き込む重要な〝テコ〟だったのです。日米関係への配慮があったのでしょう。ブッシュ大統領は指定解除に当たって当時の麻生太郎首相に電話でこう釈明しています。

「拉致問題については強い気持ちを抱いている。また、日本国民が強い懸念と不安を持たれていることを理解している。被害者家族への深い同情と、この問題を解決するための誠実な気持ちをお伝えしたい」

ブッシュ大統領からオバマ大統領に交代すると、アメリカは対北朝鮮外交では「戦略的忍耐」という方針を貫きました。核放棄に向け北朝鮮が行動を起こさない限り対話に応じない、という方針でした。この方針を一変させたのがトランプ大統領です。経済制裁と軍事、外交の全方位で圧力をかけ解決を目指すとして厳しい姿勢を前面に打ち出しました。トランプ大統領はそれだけにとどまらず、ツイッターや記者会見を通じて金委員長と激しい言葉の応酬を繰り広げました。

「米国をこれ以上威嚇しない方がいい。世界が見たこともないような炎と怒りに見舞われることになる」

「グアムに何かすれば、北朝鮮で見たこともないようなことが起きる」

こうした米朝間の応酬に、国際社会だけでなくアメリカ国内からも大統領に自制を求める声が上がりました。そして国際社会が注目するのは、北朝鮮にあらゆる面で大きな影響力を持つ中国の動きです。トランプ大統領もことあるごとに中国の北朝鮮に対する働きかけを求めました。国連は次々と対北朝鮮制裁決議を行い、中国もこれに応じる姿勢に転じたのです。日米は「最大限の圧力」を繰り返しました。

平昌五輪

そして2018年になって北朝鮮は新たな動きに転じます。金正恩委員長が「新年の辞」で北朝鮮の核戦力が完成したことを表明するとともに韓国にこう呼びかけたのです。
「平昌五輪が成功裏に開催されることを心から願う。代表団を派遣する用意があり、このために北南当局が会うこともできるだろう」

これに対して、南北融和を公約にして17年5月に大統領選で勝利したばかりの韓国の文在寅大統領は早速応じました。2月9日から始まった平昌五輪の開会式に合わせて金永南氏と金正恩委員長の妹の金与正《キムヨジョン》氏が韓国を訪問したのです。その際に与正氏は文大統領に正恩氏の親書を手渡し、平壌を訪問するよう要請したのです。文大統領は「条件が整えば」という前提付きでこれを受け入れました。条件とは「アメリカの了解」です。

北朝鮮の狙いは、核・ミサイルの開発を続けることに対する国際社会からの制裁を緩《ゆる》めることにあります。その制裁を主導してきたのがアメリカです。韓国はアメリカと軍事同盟を結んでおり、そこに日本も加わり日米韓の3カ国による北朝鮮包囲網を突き崩すためにも韓国を引き付けるのが北朝鮮の狙いだったとみて間違いないでしょう。平昌五輪の開会式には日本からは安倍首相、アメリカはペンス副大統領が出席しました。安倍首相は開会式前に開かれたレセプション会場で金永南氏のもとに足を運び、拉致問題の解決と北朝鮮の非核化を強く求めましたが、明確な返事はありませんでした。

ところが平昌五輪が閉会すると事態が急転します。3月5日に韓国の特使団が平壌入りし、金正恩委員長と会談したのです。翌6日、文大統領は韓国と北朝鮮の合意事項を発表しました。その中にこう記されていました。

「南北は4月末、板門店の「平和の家」で第3回南北首脳会談を開催することにした」

特使団は手分けして報告のためにアメリカのワシントン、ロシアのモスクワ、東京、北京を訪ね、金委員長との会談内容を説明します。トランプ大統領は特使団に即答しました。

「よし、会おう」

こうして南北首脳会談と史上初めての米朝首脳会談が実現の運びとなったのです。軍事力の行使すら考えていたトランプ大統領が大きく舵を切りました。日本は過去に何度も北朝鮮に裏切られてきた経験から「対話のための対話は意味がない」(安倍首相)という姿勢を貫いてきました。このため日本の一番の懸念は、アメリカが突然方針を変えて北朝鮮と対話を始めることでした。その懸念が現実のものとなったのです。アメリカの方針転換は、北朝鮮の「核」がアメリカにとって現実の脅威になったためとみられています。

一方、金委員長は直ちに中国の習近平国家主席を訪ねました。中国とは緊張関係にありましたが、アメリカと直接交渉するには中国のバックアップが必要だったのです。

これまでも日本政府は北朝鮮の脅威に対してアメリカ、韓国とのいわゆる日米韓の三国連携を重視してきました。北朝鮮をめぐる事態の急転に際しても安倍首相は日米韓の枠組みの強化に動きました。トランプ大統領の就任以来、世界のリーダーの中で最もトランプ氏と会談を重ねているのは安倍首相です。米朝首脳会談が決まると安倍首相は直ちに訪米し、トランプ大統領のフロリダにある別荘で日米首脳会談を行いました。北朝鮮の核兵器と弾道ミサイルの放棄に加えて、首相は日本人拉致問題の解決に向けての協力を要請したのです。

「米朝首脳会談で拉致問題を提起する。日本のためにベストを尽くす」

これがトランプ大統領の答えでした。米朝首脳会談に先立って4月27日に南北首脳会談が開かれ、韓国の文大統領も安倍首相の意向を金委員長に伝えました。会談終了から2日後、文大統領は首相に「金委員長はいつでも日本と対話をする用意がある」と伝えてきました。しかし、日本政府には北朝鮮とのパイプがなく、あくまでも間接的な情報でしかないのです。そして18年5月10日、トランプ大統領がツイッターで発表を行いました。

「米朝首脳会談を6月12日にシンガポールで開催する」

こうして歴史的な米朝首脳会談が開かれ、両首脳は朝鮮半島の非核化をうたった共同声明に署名しました。さらにトランプ大統領と金正恩委員長は2度目の首脳会談を19年2月27、28日の2日間にわたってベトナムのハノイで行いました。しかし、北朝鮮の非核化を巡り合意できず交渉は事実上決裂しました。金氏は一部の核施設廃棄の見返りに経済制裁の解除を求めましたが、トランプ氏はこれを拒否したからです。またトランプ大統領は安倍首相の要請を受けて拉致問題を米朝会談で取り上げました。これを受けて安倍首相も日朝首脳会談に強い意欲を表明しました。

「私は拉致問題を解決するため、どのようなチャンスも見逃すつもりはない」

たしかに北朝鮮が核を放棄する非核化に向けた動きは始まりましたが、日本の最大の関心事である拉致問題解決の展望は開けていません。日朝関係は「近くて遠い国」という状況が続いています。

主要参考文献

『民主党政権100日の真相』朝日新聞政権取材センター(編)、朝日新聞出版、二〇一〇年
『自由と繁栄の弧』麻生太郎、幻冬舎文庫、二〇〇八年
『美しい国へ』安倍晋三、文春新書、二〇〇六年
『日本の決意』安倍晋三、新潮社、二〇一四年
『小泉官邸秘録』飯島勲、日本経済新聞社、二〇〇六年
『実録小泉外交』飯島勲、日本経済新聞出版社、二〇〇七年
『官邸2668日――政策決定の舞台裏』石原信雄、NHK出版、一九九五年
『自民党幹事長室の30年』奥島貞雄、中央公論新社、二〇〇二年
『税の攻防――大蔵官僚四半世紀の戦争』岸宣仁、文藝春秋、一九九八年
『日本に自衛隊が必要な理由』北澤俊美、角川oneテーマ21、二〇一二年
『「改憲」の系譜――9条と日米同盟の現場』共同通信社憲法取材班、新潮社、二〇〇七年
『自民党大乱――権力者・最前線の攻防』共同通信政治部、アイペック、一九九〇年
『村山富市――その軌跡と使命』清原芳治、大分合同新聞社、二〇〇六年

『小渕恵三の615日。――第84代内閣総理大臣の全公務記録』K・O・K(編)、光進社、二〇〇〇年
『日本への遺言』後藤田正晴(述)、TBS『時事放談』(編)、毎日新聞社、二〇〇五年
『消費税――政と官との「十年戦争」』清水真人、新潮社、二〇一三年
『外交の力』田中均、日本経済新聞出版社、二〇〇九年
『天地有情――五十年の戦後政治を語る』中曽根康弘、文藝春秋、一九九六年
『沖縄戦後史』中野好夫・新崎盛暉、岩波新書、一九七六年
『民主党政権失敗の検証――日本政治は何を活かすか』日本再建イニシアティブ、中公新書、二〇一三年
『私は闘う』野中広務、文春文庫、一九九九年
『福島と原発 2――放射線との闘い+1000日の記憶』福島民報社編集局、早稲田大学出版部、二〇一四年
『原発危機　官邸からの証言』福山哲郎、ちくま新書、二〇一二年
『内訟録――細川護熙総理大臣日記』細川護熙、日本経済新聞出版社、二〇一〇年
『原発と政治のリアリズム』馬淵澄夫、新潮新書、二〇一三年
『「戦後」が終わり、「災後」が始まる。』御厨貴、千倉書房、二〇一一年
『聞き書　宮澤喜一回顧録』宮澤喜一(述)、御厨貴・中村隆英(編)、岩波書店、二〇〇五年
『聞き書　野中広務回顧録』野中広務(述)、御厨貴・牧原出(編)、岩波書店、二〇一二年
『「普天間」交渉秘録』守屋武昌、新潮社、二〇一〇年
『私の履歴書――森喜朗回顧録』森喜朗、日本経済新聞出版社、二〇一三年

主要参考文献

『証言民主党政権』薬師寺克行、講談社、二〇一二年
『村山富市回顧録』村山富市(述)、薬師寺克行(編)、岩波書店、二〇一二年
『亡国の安保政策――安倍政権と「積極的平和主義」の罠』柳澤協二、岩波書店、二〇一四年
『国家の命運』藪中三十二、新潮新書、二〇一〇年
『小泉純一郎の「原発ゼロ」』山田孝男、毎日新聞社、二〇一三年
『国境の島が危ない!』山本皓一、飛鳥新社、二〇一〇年
『ドキュメント北方領土問題の内幕――クレムリン・東京・ワシントン』若宮啓文、筑摩選書、二〇一六年
『年表 昭和・平成史 1926―2011』中村政則・森武麿(編)、岩波ブックレット、二〇一二年
『ドキュメント 平成政治史 1~3』後藤謙次、岩波書店、二〇一四年
『竹下政権・五七六日』後藤謙次、行研出版局、二〇〇〇年
『日本の政治はどう動いているのか』後藤謙次、共同通信社、一九九九年
『小沢一郎50の謎を解く』後藤謙次、文春新書、二〇一〇年
「連載コラム　まつりごと表裏」後藤謙次、共同通信社(一九九六年三月~二〇〇一年一二月)
「永田町ライヴ!」『週刊ダイヤモンド』後藤謙次、ダイヤモンド社(二〇一〇年六月~)
「政論遍路」『四国新聞』後藤謙次、四国新聞社(二〇一一年四月~二〇一三年三月)

「論壇」『静岡新聞』後藤謙次、静岡新聞社(二〇一一年四月〜)
「北風抄」『北國新聞』後藤謙次、北國新聞社(二〇一〇年二月〜)
「日曜コラム　ニュース九十九折」『徳島新聞』後藤謙次、徳島新聞社(二〇一四年一月〜)
「永田町天地人」『新潟日報』後藤謙次、新潟日報社(二〇一六年四月〜)
『経済倶楽部講演録』東洋経済新報社
『文藝春秋』文藝春秋
『世界』岩波書店
『中央公論』中央公論新社
朝日新聞　毎日新聞　読売新聞　産経新聞　日経新聞　東京新聞　各紙
共同通信記事検索データベース

あとがき

「平成」とはどんな時代だったのでしょうか。共同通信の政治部記者として昭和天皇がご逝去された時に、首相官邸で当時の小渕恵三官房長官の元号「平成」の発表の場に立ち会って以来、日々の取材活動を通じてずっとそのことを考え続けてきました。しかし、今なお確たる答えを出せずにいます。その平成も2019年4月30日で幕を下ろし、次の新しい時代「令和」が始まりました。そこで平成の時代に生まれた若い皆さんと一緒に自分たちが生まれ育った平成の時代をもう一度、様々な出来事を通して振り返り、未来にどうつなげていくのかを考えていきたいというのが本書のねらいです。

2018年4月30日付の朝日新聞に興味深い世論調査の結果が掲載されました。設問は「平成とはどんな時代か——」(選択肢から二つまで回答可)。最も多かった回答は「動揺した時代」(42%)でした。以下、「沈滞した時代」(29%)、「進歩的な時代」(25%)、「保守的な時代」(21%)、

「安定した時代」(19％)、「暗い時代」(9％)、「活気のある時代」(6％)、そして最下位が「明るい時代」(5％)でした。この結果を見ると、平成の時代についてはポジティブというよりはネガティブな印象を持っている人が多いのかもしれません。

確かに東日本大震災、阪神・淡路大震災など何度も大きな自然災害が日本列島を襲い、多くの人命が失われました。東日本大震災では大津波による未曾有の犠牲者に加え、東京電力福島第一原子力発電所の事故で近隣住民が故郷を追われました。しかもその状況は今も続いています。一瞬にして日本人の価値観までも根底から揺るがしたのが東日本大震災といってもいいかもしれません。

その一方で、気がついたら私たちを取り巻く生活環境が一変していたのも平成の時代の特徴ではないでしょうか。昭和の時代は駅前の一等地を銀行の店舗が占め、その後ろには商店街が連なっていました。しかし、銀行の多くは姿を消し、商店街は「シャッター街」になり、全国の多くの街から人影が消えつつあります。根底には1945年の終戦以来増え続けてきた人口がピークアウトしたことがあります。少子高齢社会はあらゆる面で日本社会を変えています。生まれる子供の数が減り、平均寿命が延びて、65歳以上の高齢者の総人口に占める割合は4人に1人を超えています。働く人の数が減り、逆に高齢化によって社会保障費が膨れ上がっているのが現状です。

また国際社会の激変によって、日本の政治や安全保障のあり方が大きく変わりました。戦後の国際社会を規定していた米ソ冷戦構造が音を立てて崩れ始めたのも平成元(1989)年のことでした。しかし、冷戦の終わりは平和の時代への幕開けではありませんでした。米ソという二つの超大国により維持されていた力の均衡から民族や宗教を背景にした争いが始まり、2001年9月11日、ニューヨークの世界貿易センタービルがイスラム過激派集団によって破壊されました。「9・11米中枢同時多発テロ」です。これをきっかけに米国による「テロとの戦い」が始まりました。その米国の要請に沿うように、日本の国際貢献も様変わりをしました。まさしくあれよあれよという間に自衛隊が海外に派遣されたのです。国内では憲法9条をめぐる議論が活発化し、まだ続いています。そして中国が台頭し、北朝鮮の核・ミサイルをめぐって東アジア情勢が大きく揺れたのも平成の時代の大きな特徴です。

本書では政治、経済、外交を中心に平成の時代を振り返りましたが、私たちの生活も激変したことも忘れてはならないでしょう。ネット社会の拡大・進展は昭和の時代には想像もできないことでした。私が駆け出しの記者だった1970年代は今から見ればウソのような取材環境にありました。ようやくポケットベルが登場し、ファクスといっても原稿を1枚送るのに2、3分はかかるという代物でした。しかも一方通行です。デスクに原稿は送れても受信はできないのです。

最初に自動車電話が政治取材の現場に登場したのが1982年。昭和天皇がご病気になられた際にショルダー型の携帯電話が初めて配備されました。これが昭和末期の取材現場の実態です。

それがインターネットの出現によっていつでも、どこでも、そして誰とでもコミュニケーションが取れるようになりました。ネット社会は、時として利便性とは裏腹に新たな脅威にもなっています。ネット社会が生んだ想像を超えた犯罪も生まれています。ツイッターやフェイスブックのようなSNSは政治状況さえ変えています。2017年に就任したトランプ米大統領は自ら頻繁にツイッターを使って発信を続けています。米国の大統領が記者会見以外で直接発信する事態を誰が想像したでしょうか。

日本社会でも昭和の時代にはなかった言葉が生まれました。「格差社会」はその典型でしょう。「改革」や「規制緩和」というプラスのイメージを持つ言葉に背中を押されるように行われた構造改革や規制緩和によって様々な分野で格差が生まれました。「非正規雇用」という言葉が当たり前のように使われています。すでに全労働者に占める非正規雇用の割合は4割を超えています。

社会を映し出す犯罪でもこれまでにない凶悪事件が多発しました。オウム真理教による地下鉄サリン事件(1995年3月)、秋葉原の無差別殺傷事件(2008年6月)など、忌まわしい事件は忘れることはできません。ネット上で見ず知らずの人間が連絡を取り合い人を殺害するという「闇サイト殺人事件」も想像を絶するものでした。親による子供の虐待死もあとを絶ちません。2018年に起きた虐待死事件で幼い命を奪われた女の子、船戸結愛ちゃん(当時5歳)が残した「反省文」は私たちの心を揺さぶり、政治を動かしました。

「もうおねがい　ゆるして　ゆるしてください　おねがいします　ほんとうにもうおなじことはしません」

虐待の背景にはしばしば貧困と孤立が指摘されています。

もちろん明るいニュースがなかったわけではありません。五輪やパラリンピックで多くの日本人選手が活躍しています。ヨーロッパのサッカーリーグや野球の米大リーグが身近になりました。ノーベル賞の日本人受賞者が数多く誕生したのも平成の時代です。

昭和から平成の代替わりを担った竹下登氏は当時、こう語っていました。

「戦後、欧米先進国に〝追いつけ追い越せ〟とひた走りに走った日本は、今その願望を満たしたが、その結果、進むべき目標を失ったことも確かです」

平成の時代は竹下氏が指摘したように、日本人が見失った目標を手探りで探し求めた時代だったのかもしれません。しかし、その目標はまだ見えていません。次の時代の幕が上がる時を迎えて、改めて平成を振り返る意味があるのではないでしょうか。登山でも「道に迷ったら最初の出発地点に戻れ」といわれます。本書が若い人たちにとって新しい時代を切り開くためのヒントとなれば、これにまさる喜びはありません。

私は白鷗大学での授業の最後に必ず「ダークツーリズムの薦《すす》め」と題する講義をします。ダークツーリズムと聞くと、どこかのゴーストタウンを旅するかのようなイメージがありますが、そうではありません。人類にとって、あるいは多くの日本人にとって、今日の繁栄は尊い犠牲の上にあることを確認する旅のことです。大学の近くには渡良瀬《わたらせ》遊水地があります。今はラムサール条約に登録されたわが国最大の遊水地になっていますが、もともとは足尾《あしお》銅山《どうざん》から出る鉱毒を沈殿させるために渡良瀬川に造られた遊水池です。池の中央には、かつての旧谷中村《やなかむら》が痕跡《こんせき》をとどめています。鉱毒事件では田中正造《たなかしょうぞう》翁が反対運動の先頭に立って住民たちの命と健康と生活を守るために国と闘いました。谷中村は反対運動を止めるために強制廃村されたのです。

私はこのほかにも石炭産業で日本の近代化を支え、やがて衰退した北海道・夕張炭鉱跡、太平洋戦争で出征して画家になる夢を絶たれた画学生が残した絵画を展示する「無言館《むごんかん》」（長野県上田市）、広島の原爆ドームなどを例に挙げて「ダークツーリズム」に出かけることを薦めています。皆さんも本書に登場する「歴史の現場」をぜひ訪ねてみてください。

本書は白鷗大学の上岡條二理事長が私の授業の「特講・平成政治史」をベースに一冊の本にまとめたらどうかとアドバイスしてくださったのがきっかけで誕生しました。旧知の岩波書店の伊藤耕太郎氏とベテラン編集者の山本慎一氏の助言と的確な編集作業で世に送り出すことができました。また、執筆に当たり経済評論家の林健二郎氏、共同通信の元同僚の川上高志論説副委員長、斎藤真政治部編集委員には多大のご協力をいただきました。巻末にまとめた参考文献以外にも、実に多くの著作から示唆と教示を受けたことを付け加えさせていただきます。改めて感謝を申し上げます。

2019年

著者

岩波ジュニア新書の発足に際して

きみたち若い世代は人生の出発点に立っています。きみたちの未来は大きな可能性に満ち、陽春の日のようにひかり輝いています。勉学に体力づくりに、明るくはつらつとした日々を送っていることでしょう。

しかしながら、現代の社会は、また、さまざまな矛盾をはらんでいます。営々として築かれた人類の歴史のなかで、幾千億の先達《せんだつ》たちの英知と努力によって、未知が究明され、人類の進歩がもたらされ、大きく文化として蓄積されてきました。にもかかわらず現代は、核戦争による人類絶滅の危機、貧富の差をはじめとするさまざまな人間的不平等、社会と科学の発展が一方においてもたらした環境の破壊、エネルギーや食糧問題の不安等々、来るべき二十一世紀を前にして、解決を迫られているたくさんの大きな課題がひしめいています。現実の世界はきわめて厳しく、人類の平和と発展のためには、きみたちの新しい英知と真摯《しんし》な努力が切実に必要とされています。

きみたちの前途には、こうした人類の明日の運命が託されています。ですから、たとえば現在の学校で生じているささいな「学力」の差、あるいは家庭環境などによる条件の違いにとらわれて、自分の将来を見限ったりはしないでほしいと思います。個々人の能力とか才能は、いつどこで開花するか計り知れないものがありますし、努力と鍛練の積み重ねの上にこそ切り開かれるものですから、簡単に可能性を放棄したり、容易に「現実」と妥協したりすることのないようにと願っています。

わたしたちは、これから人生を歩むきみたちが、生きることのほんとうの意味を問い、大きく明日をひらくことを心から期待して、ここに新たに岩波ジュニア新書を創刊します。現実に立ち向かうために必要とする知性、豊かな感性と想像力を、きみたちが自らのなかに育てるのに役立ててもらえるよう、すぐれた執筆者による適切な話題を、豊富な写真や挿絵とともに書き下ろしで提供します。若い世代の良き話し相手として、このシリーズを注目してください。わたしたちもまた、きみたちの明日に刮目《かつもく》しています。（一九七九年六月）

後藤謙次
1949年生まれ．1973年早稲田大学法学部卒業．同年共同通信社入社．自民党クラブキャップ，首相官邸クラブキャップ，政治部長，論説副委員長，編集局長を歴任．現在はフリーの政治ジャーナリストとして活躍．共同通信社客員論説委員，白鷗大学特任教授，テレビ朝日「報道ステーション」コメンテーター．著書に『ドキュメント 平成政治史1〜3』(岩波書店)など．

10代に語る平成史　　岩波ジュニア新書878

2018年7月20日　第1刷発行
2019年10月4日　第5刷発行

著　者　後藤謙次《ごとうけんじ》

発行者　岡本　厚

発行所　株式会社 岩波書店
〒101-8002 東京都千代田区一ツ橋2-5-5
案内 03-5210-4000　営業部 03-5210-4111
ジュニア新書編集部 03-5210-4065
https://www.iwanami.co.jp/

印刷・精興社　製本・中永製本

ISBN 978-4-00-500878-0　　Printed in Japan

平成略年表

1989（昭和64, 平成元）年

1. 7	昭和天皇崩御
1. 8	平成と改元
1.20	米大統領にブッシュ（父）氏が就任
2.13	リクルート事件で江副浩正前会長ら逮捕
2.24	大喪の礼
4. 1	消費税導入（税率3%）
4.25	竹下登首相，退陣表明
6. 2	宇野宗佑内閣成立
6. 4	中国で天安門事件
7.14	アルシュ・サミット
7.23	第15回参院選，社会党が改選第1党に
7.24	宇野首相，退陣表明
8. 9	海部俊樹内閣成立
9. 4	日米構造協議始まる
11. 9	ベルリンの壁崩壊
12.29	日経平均株価，史上最高値をつける

1990（平成2）年

2.18	第39回総選挙．自民安定多数を確保
6.28	日米構造協議「最終報告」
7. 9	ヒューストン・サミット
8. 2	イラクがクウェート侵攻
9.24	金丸信氏ら訪朝
10. 3	東西ドイツ統一
11.12	天皇，即位の礼
11.22	大嘗祭が行われる

1991(平成3)年

1.17　多国籍軍，イラク空爆開始(湾岸戦争)
1.24　政府，多国籍軍に 90 億ドルの追加資金協力を決定
4. 7　東京都知事選．鈴木俊一氏が 4 選．自民党小沢幹事長辞任
6. 3　雲仙普賢岳，大火砕流発生
8.19　ソ連で軍事クーデター失敗
8.25　ソ連共産党解散
10. 5　海部首相，退陣表明
11. 5　宮沢喜一内閣成立
12. 3　PKO 協力法案，衆院通過．20 日，参院不成立(継続審議)
12.26　ソビエト連邦消滅

1992(平成4)年

1. 7　ブッシュ米大統領来日
5.22　細川護熙元熊本県知事が日本新党結成
6.15　PKO 協力法成立
7.26　第 16 回参院選
9.17　自衛隊 PKO 派遣部隊第 1 陣，カンボジアに出発
10.23　天皇・皇后両陛下，中国初訪問
12.18　竹下派分裂．小沢一郎氏らが「改革フォーラム 21」(羽田派)結成

1993(平成5)年

1.20　米大統領にクリントン氏が就任
3.27　江沢民氏，中国国家主席に就任
6.18　宮沢内閣不信任決議案が可決．衆院解散
6.21　新党さきがけ結成(代表・武村正義)
6.23　新生党結成(羽田孜党首，小沢一郎代表幹事)
7. 7　東京サミット
7.18　第 40 回総選挙．55 年体制崩壊

7.22　宮沢首相，退陣表明
8. 4　河野洋平官房長官，従軍慰安婦に関する談話を発表
8. 6　土井たか子氏，初の女性衆院議長に選出
8. 9　細川護熙内閣成立
8.10　細川首相，記者会見で先の戦争について「侵略戦争」と明言
11. 1　EU 発足
12.15　ウルグアイ・ラウンド交渉でコメの部分開放を決定

1994(平成6)年

1.21　政治改革関連 4 法案，参院本会議で否決
1.29　細川首相・河野自民党総裁のトップ会談．政治改革関連 4 法案成立
2. 3　細川首相，記者会見で国民福祉税構想発表
4. 8　細川首相，退陣表明
4.26　社会党，連立離脱
4.28　羽田孜内閣成立
6.13　北朝鮮，IAEA 脱退を表明．15 日，カーター元米大統領訪朝，金日成主席と会談
6.25　羽田内閣総辞職
6.27　松本サリン事件
6.30　村山富市内閣成立
7. 8　ナポリ・サミット／金日成主席死去
7.20　村山首相，衆院本会議で自衛隊合憲を明言
10.13　大江健三郎氏，ノーベル文学賞受賞
12.10　新進党結成

1995(平成7)年

1.17　阪神・淡路大震災
3.20　地下鉄サリン事件
4.19　東京外国為替市場，1 ドル＝ 79.75 円の史上最高値

6. 9　衆院本会議で戦後 50 年国会決議を採択
7.19　慰安婦問題で，アジア女性基金発足
7.23　第 17 回参院選
8.15　村山談話を閣議決定
9. 4　沖縄本島北部で米兵による少女暴行事件が発生
10.21　沖縄県民総決起大会．8 万 5000 人が抗議に集まる

1996（平成8）年

1. 5　村山首相，退陣表明
1.11　橋本龍太郎内閣成立
1.19　社会党が「社会民主党」に党名改称
4.12　橋本首相，モンデール駐日米大使共同記者会見で普天間飛行場の 5 ～ 7 年以内の返還発表
4.17　橋本首相，クリントン米大統領と日米安全保障共同宣言（安保再定義）
9.28　民主党結成（代表・菅直人，鳩山由紀夫）
10.20　第 41 回総選挙（初の小選挙区比例代表並立制）．自民過半数回復

1997（平成9）年

4. 1　消費税率 5% に引き上げ
4.11　米軍用地特措法改正案成立
4.25　日産生命，業務停止命令．初の生保の破たん
9.23　「日米防衛協力のための指針」（新ガイドライン）決定
11. 3　三洋証券倒産
11.17　北海道拓殖銀行が経営破たん
11.24　山一證券が自主廃業を発表
12.18　韓国大統領に金大中氏が当選

1998(平成10)年

2. 7	長野冬季五輪開幕
4.18	エリツィン・ロシア大統領来日．日ロ首脳会談
4.27	新「民主党」結成(代表・菅直人)
6. 1	「自社さ」連立解消で合意
6.22	金融監督庁発足
7.12	第 18 回参院選で自民惨敗．橋本首相，退陣表明
7.30	小渕恵三内閣発足
8.31	北朝鮮，弾道ミサイル(テポドン)発射
10.12	金融再生関連法成立

1999(平成11)年

1. 1	EU 11カ国が欧州単一通貨「ユーロ」導入
1.14	自民・自由連立内閣発足
4.11	東京都知事に石原慎太郎氏が当選
5.24	周辺事態法など新ガイドライン関連 3 法成立
8. 9	国旗・国歌法成立
8.12	通信傍受法，組織犯罪処罰法，改正住民基本台帳法成立
9.30	東海村の JCO の施設で臨界事故
10. 4	自自公 3 党が連立合意

2000(平成12)年

4. 1	地方分権一括法施行．介護保険制度スタート
4. 2	小渕首相，脳梗塞で緊急入院
4. 5	森喜朗氏を自民党総裁に選出．森喜朗内閣成立
5.14	小渕恵三氏死去
6.19	竹下登氏死去
6.25	第 42 回総選挙．与党 3 党で絶対安定多数を上回る
7.21	沖縄サミット

2001(平成13)年

1. 6　中央省庁再編成
1.20　米大統領にブッシュ(子)氏が就任
2. 9　「えひめ丸」が米原潜に衝突され沈没
3.10　森首相，退陣表明
4.26　小泉純一郎内閣成立
5.11　熊本地裁，ハンセン病患者隔離政策で国の責任認める．23日，政府，控訴断念
7.29　第19回参院選．小泉旋風で自民圧勝
8.13　小泉首相，靖国参拝
9.11　米国で同時多発テロ
10. 7　米，アフガニスタン空爆開始
10.10　野依良治氏，ノーベル化学賞受賞
10.29　テロ対策特別措置法などテロ3法成立

2002(平成14)年

1.29　ブッシュ米大統領，北朝鮮・イラン・イラクを「悪の枢軸」と非難
4.21　小泉首相，2回目の靖国参拝
9.17　小泉首相，北朝鮮訪問
10.15　北朝鮮に拉致された日本人のうち5人が帰国
12.19　韓国大統領に盧武鉉氏が当選

2003(平成15)年

1.14　小泉首相，3回目の靖国参拝
3.19　イラク戦争開始
3.23　宮崎駿監督の「千と千尋の神隠し」がアカデミー賞受賞
7.26　イラク復興支援特別措置法成立
9.20　自民党総裁選で小泉首相再選
11. 9　第43回総選挙．与党3党で安定多数確保．民主が躍進

11.29　日本人外交官 2 名がイラクで殺害される
12.19　政府，航空自衛隊にイラク派遣命令

2004（平成16）年

1. 1　小泉首相，4 回目の靖国参拝
1.19　陸上自衛隊の先遣隊がイラク南部サマワに到着
4. 8　イラクで日本人 3 人拉致．15 日に全員解放
5.22　小泉首相訪朝，2 度目の首脳会談．拉致被害者家族が帰国
7.11　第 20 回参院選．民主躍進，自民不振
8.13　沖縄国際大学構内に米軍ヘリが墜落
9.10　郵政民営化基本方針を閣議決定
10.23　新潟県中越地震
12.26　インドネシア・スマトラ沖地震

2005（平成17）年

1.20　ブッシュ氏，2 期目の米大統領就任
2.16　京都議定書発効
4. 9　中国で反日デモ拡大
7. 5　衆院本会議で郵政民営化法案可決
8. 8　参院本会議で郵政民営化法案否決．小泉首相が衆院解散
9.11　第 44 回総選挙．自民党が圧勝
10.17　小泉首相，5 回目の靖国参拝
10.29　在日米軍再編で中間報告

2006（平成18）年

4. 7　小沢一郎氏，民主党代表に就任
5. 1　日米安保協議で普天間基地移設と米海兵隊の一部グアム移転など合意
8.15　小泉首相，6 回目の靖国参拝
9. 6　秋篠宮妃紀子さまが男児を出産

9.26　第1次安倍晋三内閣成立
10. 8　安倍首相，中国訪問
10. 9　北朝鮮が地下核実験成功を発表／安倍首相，韓国訪問
11.19　沖縄県知事選で仲井真弘多氏が当選
12.15　改正教育基本法成立

2007（平成19）年

2.17　公的年金加入記録の不備が発覚
4.25　「安全保障の法的基盤の再構築に関する懇談会」（安保法制懇）発足
5.14　国民投票法成立
7.29　第21回参院選，自民大敗，民主党が参院第1党に
9.25　福田康夫内閣成立
11. 1　テロ対策特措法が期限切れ，インド洋の海上自衛隊に撤退命令
12.19　韓国大統領に李明博氏が当選

2008（平成20）年

1.11　新テロ対策特別措置法案が衆院の再議決により成立
2.19　自衛艦「あたご」と漁船の衝突事故
4. 1　後期高齢者医療制度開始
4.17　名古屋高裁でイラク特措法違憲判決
5.12　中国四川大地震
6.11　参院で福田首相問責決議が可決
7. 7　洞爺湖サミット
9. 1　福田首相，退陣表明
9.15　リーマン・ブラザーズが経営破たん（リーマン・ショック）
9.24　麻生太郎内閣成立
10. 7　南部陽一郎・小林誠・益川敏英の3氏がノーベル物理学賞，下村脩氏がノーベル化学賞受賞

2009（平成21）年

1.20　米大統領にオバマ氏が就任
7.21　麻生首相が衆院を解散
8. 3　裁判員制度による初の刑事裁判が行われる
8.30　第 45 回総選挙．民主大勝，政権交代へ
9. 1　消費者庁発足
9.16　鳩山由紀夫内閣成立
10. 9　オバマ大統領，ノーベル平和賞受賞

2010（平成22）年

5.28　日米両政府，普天間飛行場移設に関する共同声明を発表
5.30　社民党，連立政権から離脱
6. 2　鳩山首相，退陣表明．小沢幹事長も辞任
6. 8　菅直人内閣成立
6.17　菅首相が記者会見で消費税率 10% に言及
7.11　第 22 回参院選．民主大敗
8.10　韓国併合 100 年で菅首相談話を閣議決定
9. 7　尖閣諸島沖で中国漁船が海上保安庁の巡視船に衝突，中国人船長を逮捕
9.24　那覇地検，中国漁船衝突事故の船長を処分保留で釈放
10. 6　鈴木章・根岸英一両氏がノーベル化学賞を受賞
11.13　アジア太平洋経済協力会議（APEC）首脳会合が始まる

2011（平成23）年

1.14　「たちあがれ日本」の与謝野馨氏が入閣
2.22　ニュージーランドで地震．日本人 28 人が死亡
3.11　東日本大震災．M9.0
3.12　福島第一原発 1 号機が爆発
4.10　東京都知事選挙で石原慎太郎氏 4 選
5. 1　米軍，ウサマ・ビン・ラディンを殺害

8.26　菅首相，退陣表明
9. 2　野田佳彦内閣成立
11.11　野田首相，TPP 参加意向を表明
11.27　大阪維新の会の橋下徹氏が大阪市長，松井一郎氏が大阪府知事に当選
12.19　北朝鮮，金正日総書記の死亡を発表

2012(平成24)年

2.17　「社会保障と税の一体改革」関連法案の大綱を閣議決定
3.30　消費税増税法案を閣議決定し，提出
4.11　北朝鮮，金正恩氏が第一書記に就任
4.16　石原慎太郎東京都知事，都による尖閣諸島購入計画を発表
5.22　東京スカイツリータウン開業
6.26　消費税増税法案が衆院本会議で可決
7. 3　ロシアのメドベージェフ首相，国後島訪問
8.10　消費税増税法案が参議院本会議で可決，成立／李明博韓国大統領が竹島に上陸
8.15　香港の活動家，尖閣諸島の魚釣島上陸，強制送還
9.11　日本政府，尖閣諸島の魚釣島・南小島・北小島の国有化を閣議決定
9.12　中国全土で激しい反日デモ
9.26　自民党総裁選で安倍晋三氏当選
10. 8　山中伸弥氏，ノーベル生理学・医学賞受賞
10.25　石原慎太郎氏，都知事辞職を表明
11.14　野田首相，党首討論の場で衆院解散表明
12.16　第 46 回総選挙．自民が圧勝，政権を奪還
12.19　韓国大統領に朴槿恵氏が当選
12.26　第 2 次安倍晋三内閣成立

2013(平成25)年

1.16　アルジェリアの天然ガス関連施設襲撃事件．日本人 10 人

死亡
2.12　北朝鮮が 3 回目の核実験
3.15　安倍首相が TPP 交渉参加を正式表明
7.21　第 23 回参院選で自民圧勝．公明と非改選議席を合わせて過半数
9. 7　IOC 総会で 2020 年東京五輪開催決定
11.23　中国が東シナ海の防空識別圏を設定
12. 6　特定秘密保護法成立

2014（平成26）年

3.18　ロシアがクリミアを併合．日米欧はロシアに制裁
4.16　韓国で旅客船セウォル号沈没事故．高校生 295 人死亡，9 人行方不明
7. 1　集団的自衛権の行使容認を閣議決定
9.27　御嶽山噴火で 57 人死亡，6 人行方不明
10. 7　青色発光ダイオードで日本人 3 人がノーベル物理学賞を受賞
11.16　沖縄県知事選で辺野古移設反対の翁長雄志氏が当選
12.14　第 47 回総選挙，自民党は微減

2015（平成27）年

1.20　日本人 2 人が「イスラム国」(IS)に拘束，殺害される
9.10　関東・東北豪雨(鬼怒川が決壊)
9.19　安全保障関連法成立
10. 5　TPP 交渉大筋合意
11.13　パリ同時多発テロ，130 人死亡
12.28　慰安婦問題で日韓外相が合意

2016（平成28）年

3.27　民進党結党

4.14 熊本地震
5. 9 北朝鮮の金正恩氏,「党委員長」に就任
5.20 衆院選改革法成立／台湾総統に蔡英文氏が就任
5.26 伊勢志摩サミット開催.「伊勢志摩首脳宣言」を採択
5.27 オバマ米大統領，広島市訪問
5.30 安倍首相，17 年 4 月の消費税率 10% への引き上げを 2 年半再延期表明
6.23 イギリス国民投票で EU 離脱支持派が勝利
7.10 第 24 回参院選．与党，改選過半数を上回り勝利
7.12 南シナ海での海洋進出をめぐり，中国に国際法違反の判決
7.31 東京都知事に小池百合子氏
8. 7 イチローが米大リーグ史上 30 人目の 3000 本安打達成
8. 8 天皇陛下，生前退位のご意向を表明
8. 3 第 3 次安倍再改造内閣発足
8.24 北朝鮮が潜水艦発射弾道ミサイル(SLBM)1 発を発射
9. 9 北朝鮮が 5 回目の核実験
10.13 ノーベル文学賞にボブ・ディラン氏．歌手の文学賞受賞は初めて
10.17 天皇陛下の生前退位をめぐる有識者会議の初会合
11. 8 米大統領選，ドナルド・トランプ氏が勝利
12. 6 改正ストーカー規制法成立
12. 9 環太平洋連携協定(TPP)の承認案と関連法案は 9 日，参議院本会議で可決，成立
12.15 プーチン・ロシア大統領来日．15 日に山口県長門市，16 日に東京で日ロ首脳会談．北方四島での「共同経済活動」実現に向けた協議開始で合意
12.27 安倍首相，米ハワイ・真珠湾をオバマ大統領と訪問

2017(平成29)年

1.20 米大統領にトランプ氏が就任．「米国第一」主義を宣言
2.10 安倍首相訪米．トランプ大統領と初の首脳会談
3. 6 北朝鮮が弾道ミサイル 4 発を発射

3.17　前橋地裁，損害賠償請求訴訟で国と東電の責任を認め賠償命令
5.10　韓国大統領に文在寅氏が就任
7. 7　国連で核兵器禁止条約を採択，日本は不参加
7.11　九州北部豪雨災害
9. 3　北朝鮮が6回目の核実験
9. 9　桐生祥秀選手，男子陸上100メートルで9秒98を記録
10.18　IS(イスラム国)の「首都」ラッカ陥落，ISは事実上崩壊
10.22　第48回総選挙．自民・公明で3分の2確保．野党第1党は立憲民主党
12. 1　天皇陛下の退位は19年4月30日，皇太子殿下の新天皇即位は5月1日に決定

2018(平成30)年

1. 9　北朝鮮が平昌冬季五輪参加を表明
2. 9　平昌冬季五輪開幕．韓国と北朝鮮が開会式で合同入場行進
3.12　財務省が森友学園問題で公文書改ざんを認める
3.30　大谷翔平選手がMLBデビュー，初安打
4.27　韓国と北朝鮮，南北首脳会談，「板門店宣言」を発表
6.12　トランプ大統領と金正恩党委員長，初の米朝首脳会談
6.13　改正民法成立，18歳成人に
7月上旬　西日本豪雨で岡山，広島，愛媛各県を中心に死者220人超
7. 6, 26　オウム真理教事件で教祖ら13人に死刑執行
11.19　東京地検特捜部が日産ゴーン会長を逮捕

2019年

2.27, 28　トランプ大統領と金正恩党委員長,2回目の米朝首脳会談
4. 1　新元号「令和」公表